HALLO LEIPZIG

27 TIPPS FÜR CAFÉS, KULTUR UND MEHR

ANKER|WECHSEL

WILLKOMMEN IN **LEIPZIG**

Hallo Leipzig, du stadtgewordenes Potenzial, Partizipation und Subkultur. Grün bist du! Frischluft begeisterte Studierende treffen an Tischtennisplatten und in Parks auf sportliche Senior*innen. Gründer*innen erwecken alte Gebäude mit neuen Ideen zum Leben. Leipzig, du spornst an – sich zu engagieren und organisieren. Mit Bravour beweist du, wie Neu und Alt Hand in Hand gehen. Plattenbauten stehen neben Jugendstilhäusern; progressive Orte laden zu Begegnungen ein und entschleunigen den Alltag. Du heißt Neuankömmlinge willkommen oder lässt in Ruhe, wer für sich sein will. Hallo, du entspanntes Leipzig!

Harriet Dohmeyer

Jana Trietsch

Violetta Sanitz

ÜBER DIESES BUCH
(UND WIE ES ENTSTANDEN IST)

Jahrelang hielt die studierte Journalistin, Fotografin und freie Kreative Harriet Dohmeyer persönliche Eindrücke von Städtetrips auf ihrem Blog *Fräulein Anker* fest. 2017 dann verwirklichte sie ihren Traum vom Indie-Buchverlag für zeitgenössisches Entdecken. Im Ankerwechsel Verlag entstand die Hallo-Buchreihe, die mit künstlerischem Anspruch – und einem jungen, klaren Blick – verschiedene Metropolen in Form von 27 ausgewählten Orten erlebbar macht. Für *Hallo Leipzig*, dem vierten Buch der Reihe, verbrachte Harriet mehrere Wochen im Osten Deutschlands. Hier traf sie sich mit Leipziger Bewohner*innen, Kunstschaffenden, Gastronom*innen und anderen Gründer*innen zu Interviews, Ausflügen und auf etliche Filterkaffees in der Sonne. Besondere Momente und Orte wurden dabei von ihrer Kamera festgehalten.

Mit Begeisterung versammelt der Ankerwechsel Verlag mittlerweile so einige Kreative um sich, die bei der Publikation optisch und inhaltlich unterstützen. So wurde der Entstehungsprozess auch bei diesem Buch von der Grafikdesignerin Violetta Sanitz begleitet, die seit Beginn an die Hallo-Reihe grafisch gestaltet. Als freie Mitarbeiterin soll außerdem Jana Trietsch an dieser Stelle hervorgehoben werden, die die redaktionelle Arbeit des Buchs über Leipzig mit ihrem textlichen Können bereichert hat.

Wir freuen uns, dass das neueste Ergebnis aus dem Ankerwechsel Verlag den Weg in deine Hände geschafft hat. Wie auch die anderen Bücher unseres unabhängigen Verlags (mit Sitz in Hamburg-St. Pauli) ruft *Hallo Leipzig* zum Innehalten, Umschauen und Reflektieren auf. Zum Verlagsleben gehören der intensive Austausch mit der lokalen Druckerei, kurze (damit möglichst nachhaltige) Lieferketten sowie der Verzicht auf die Zusammenarbeit mit riesigen Onlinehändlern, die nach Flüssen benannt sind. Unsere Bücher bekommst du in verschiedenen kleinen Läden, liebevoll sortierten Buchhandlungen sowie online in unserem Verlagsshop. Und jetzt bleibt nur noch eins zu wünschen: Viel Spaß beim Entdecken!

HALLO LEIPZIG

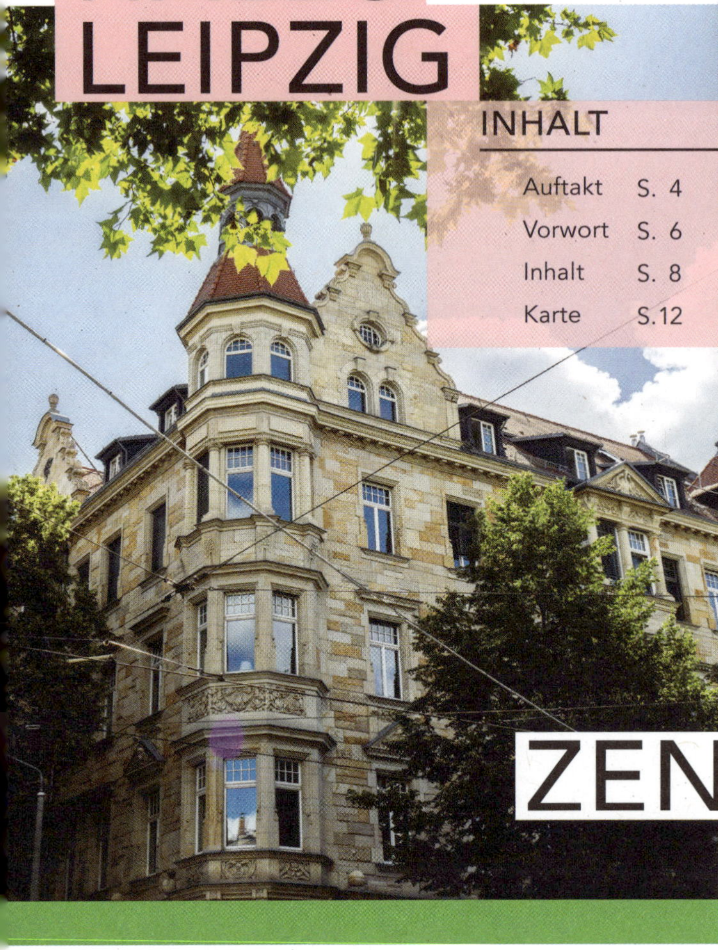

INHALT

ZENTRUM

JAZZCAFÉ
DANCEFLOOR
HARDCORE
PAUL MURPHY
RA-MIN
INSTITUT FUER ZUKUNFT

PANTA
OPEN

OSTEN

SÜDEN

WESTEN

ALTLINDENAU
LINDENAU
PLAGWITZ
6
23
25
21
24
19
22
26
20
27
16
18

ZENTRUM
REUDNITZ
CONNEWITZ
15
14
12
10
11
13
5
4
8
3
9
17

ZENTR

UM

Das historische Zentrum Leipzigs inspirierte schon Johann Wolfgang von Goethe zu Schwärmereien: „Mein Leipzig lob ich mir! Es ist ein klein Paris und bildet seine Leute“ (Faust I). Heute finden sich hier neben restaurierten Bauten wie dem Alten Rathaus und der Nikolaikirche auch moderne Gebäude wie das in den 70er-Jahren eröffnete Cityhochhaus oder das eindrucksvolle Universitätshauptgebäude. Kontraste wie diese zeigen viele Orte der Stadt. So auch die leicht versteckte Kolonnadenstraße außerhalb des Rings, der den Stadtkern umschließt. Dort stoßen Wohnhäuser aus der Gründer- und Jugendstilzeit in besonderer Finesse auf experimentelle Plattenbauten.

OPEN

28

REAL
...ei
DU SOL
1 DEINEN PA
2 GEOGRAPH
3 STAATENLO
4 STAATSBÜRG
5 LÄNDERGR
6 NATIONEN
7 KONTINENT
8 STÄDTE AU
9 REPUBLIK
10 DICH SEPA

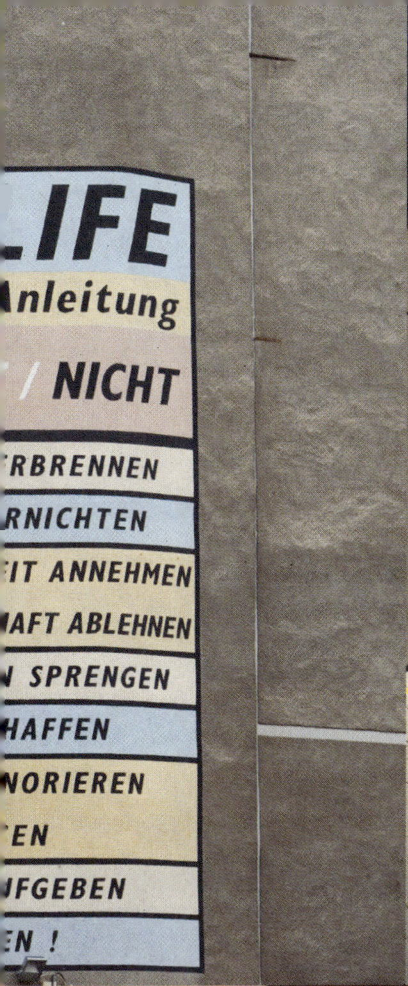
LIFE
Anleitung
/ NICHT
RBRENNEN
RNICHTEN
IT ANNEHMEN
AFT ABLEHNEN
SPRENGEN
HAFFEN
NORIEREN
EN
FGEBEN
EN !

ER-SCHOLL-HAUS
Seit 1996 für Sie da!
ANTIQUARIAT
An der Nikolaikirche

BACKSTEIN BÄCKEREI FÜR ZEITGENÖSSISCHES BROT

Wer bei diesem Namen an Ziegel, Mörtel und Lehm denkt, liegt falsch. Im Backstein stehen Mehl, Wasser und Salz auf der Zutatenliste. Ganz richtig: Hier wird Brot gebacken. So simpel das vielleicht klingt, es steckt viel Expertise in dem Handwerk. Pascal Rubertus und Matthias Brühl widmen sich ihrer Brotback-Leidenschaft an einem besonderen Ort im Park der Galerie für Zeitgenössische Kunst (S. 28). Bäckermeister Pascal setzt auf reine Zutaten und lange Fermentation. Als Grafikdesigner hat er mehrere Jahre in Kopenhagen, dem „Ballungszentrum für Brotkultur", gelebt und dort seine Begeisterung für Sauerteigbrot entdeckt. Zurück in Deutschland wagte er einen ungewöhnlichen Jobwechsel: Aus der Leidenschaft für Pizzateig und Brotbacken entstand der Wunsch, Bäckermeister zu werden.

(1)

3x
Baguette
=
3x60cm
=
Korrekter
Abstand!
Sommerpause
Letzte Sause
vor der Pause
MONTAG
ZU

BROT
BACKSTEIN 5,20€
MONTE ROSA 4,90€
BAGUETTE 2,80€
OLIVENBÂTARD 3,50€
SÜSSES
CROISSANTS
BROWNIE

BROTTEIG UND OFENDUFT

Die Mission des Backstein besteht darin, so rein wie möglich zu backen und die Arbeit stetig weiterzuentwickeln – dank eigener Erfahrung, aber auch durch neue Erkenntnisse aus der Wissenschaft. Dabei wird auf Sauerteig geführte Teige gesetzt, die lange reifen und durch Aromen glänzen. Um den eigenen Ansprüchen an ein perfektes Roggenbrot, Focaccia oder Baguette gerecht zu werden, arbeitet die Bäckerei mit drei verschiedenen Mühlen zusammen. Einen Teil des Mehls beziehen sie aus Sachsen, das Getreide für das Focaccia wird in Südtirol fein gemahlen und das Baguette-Mehl kommt – wie sollte es anders sein – aus Frankreich.

Das Backstein ist übrigens eine Tagesbäckerei. Noch in der Nacht muss hier keine*r der Bäcker*innen ans Werk.

EHRLICHER GESCHMACK

Der Backstein-Geschmack scheint mit dem vieler Leipziger*innen übereinzustimmen: Häufig reicht die Schlange auf der Terrasse der Bäckerei einige Meter auf die umliegende Grünfläche hinaus. Im Team kneten und backen neben Bäckermeister Pascal mittlerweile so einige Mitarbeiter*innen. Auch das Konzept ist mit der Zeit gewachsen. So gibt es neben den Backstein-Klassikern auch Kaffee, Zimtschnecken und Croissants, mit denen man es sich im angrenzenden Park gemütlich machen kann. An Freitagen gibt es außerdem gerne mal ein Konzert zum Wochenausklang, bei dem lokale Musikschaffende für zusätzlichen (Hör)Genuss sorgen.

BACKSTEIN *Grassistraße 4 04107 Leipzig*

TSCHAU TSCHÜSSI AUF WIEDERSEHEN

Geschick für Gestaltung begegnet man in Leipzig an allerlei Ecken. Junge Labels begrüßt insbesondere das Tschau Tschüssi. Der kleine Laden im Neubau der Galerie für Zeitgenössische Kunst (S. 28) hat sich der Verbreitung von interessanten Designprodukten vor allem aus Deutschland verschrieben. Vor blauer Wand präsentiert Inhaberin Miriam Paulsen Illustrationen auf Karten, Büchern und Postern neben handgedrehter Keramik und modischen Freuden. Ein Besuch im Tschau Tschüssi ist quasi ein Galeriebesuch to go. Mit dem Unterschied, dass man die dort angebotenen Schätze mit nach Hause nehmen darf. Und dort heißt es dann: Ciao Bella!

(2)

TSCHAU TSCHÜSSI Karl-Tauchnitz-Straße 9-11 04107 Leipzig

GALERIE FÜR ZEITGENÖSSISCHE KUNST

GfZK MODERNE KUNST ALS INITIATIVE NACH DEM MAUERFALL

Skulpturen, Fotografien, Gemälde, Grafiken und (Video-)Installationen – die Galerie für Zeitgenössische Kunst (kurz GfZK) im Zentrum Leipzigs zeigt Werke aus der Zeit nach 1945. Die Gründungsinitiative bestand darin, unmittelbar nach der Wiedervereinigung 1990, ein Museum für internationale zeitgenössische Kunst aufzubauen. Kunst und Künstler*innen sollten ihre Freiheit zurückerhalten und nicht länger durch die DDR-Regierung instrumentalisiert werden. Denn freischaffend als Künstler*in zu arbeiten, war in Ostdeutschland damals nur schwer möglich. Künstlerisches Schaffen erfolgte unter strengen staatlichen Vorgaben (wie das Illustrieren von Bildern für die moralische, politische und ästhetische Erziehung der Bevölkerung). Heute werden in der GfZK künstlerische Werke aus Ost- und Westdeutschland gemeinsam präsentiert und in verschiedene internationale Zusammenhänge gestellt. Immer wieder im Mittelpunkt stehen dabei Veränderungen des politischen, gesellschaftlichen und urbanen Umfelds.

(3)

KUNS

Die hauseigene Sammlung wird neben wechselnden Ausstellungen in der GfZK-Villa und einem Neubau präsentiert. In Letzterem befindet sich auch der (Museums-)Laden Tschau Tschüssi (S. 26). Darüber hinaus umfasst die GfZK eine Bibliothek und zwei von Künstler*innen gestaltete Hotelzimmer. 2010 wurde der Künstler Till Exit mit der Neugestaltung der Bibliothek beauftragt. Wohnzimmersessel und Leuchten aus den 50er- und 60er-Jahren sowie Möbel im Retro-Stil erinnern an eine vergangene Gesellschaft mit futuristischem Blick. Der Künstler bezog sich damit auf eine Kultivierung, wie sie im ehemaligen Ost- und Westdeutschland gleichermaßen präsent war.

GENERATIONEN

POSITIONEN

„Weltall, Erde, Mensch" – Till Exit // GfZK 2020

8

Der Gebäudekomplex des GfZK liegt im Musikviertel in direkter Nachbarschaft zu diversen Hochschulen, dem Deutschen Literaturinstitut und dem Johannapark. Ein absolutes Glanzstück der Umgebung ist die saftig grüne Parkanlage des GfZK, auf der immer wieder auch Kunst zu sehen ist. Diese ist öffentlich zugänglich und beherbergt die Bäckerei Backstein (S. 20). Besonders ist außerdem das Museumscafé. Alle drei Jahre wird es von anderen Kunstschaffenden durch verschiedene Installationen und Ausstellungsobjekte komplett neu gestaltet, denn auch hier wird fortlaufender Wandel gepflegt.

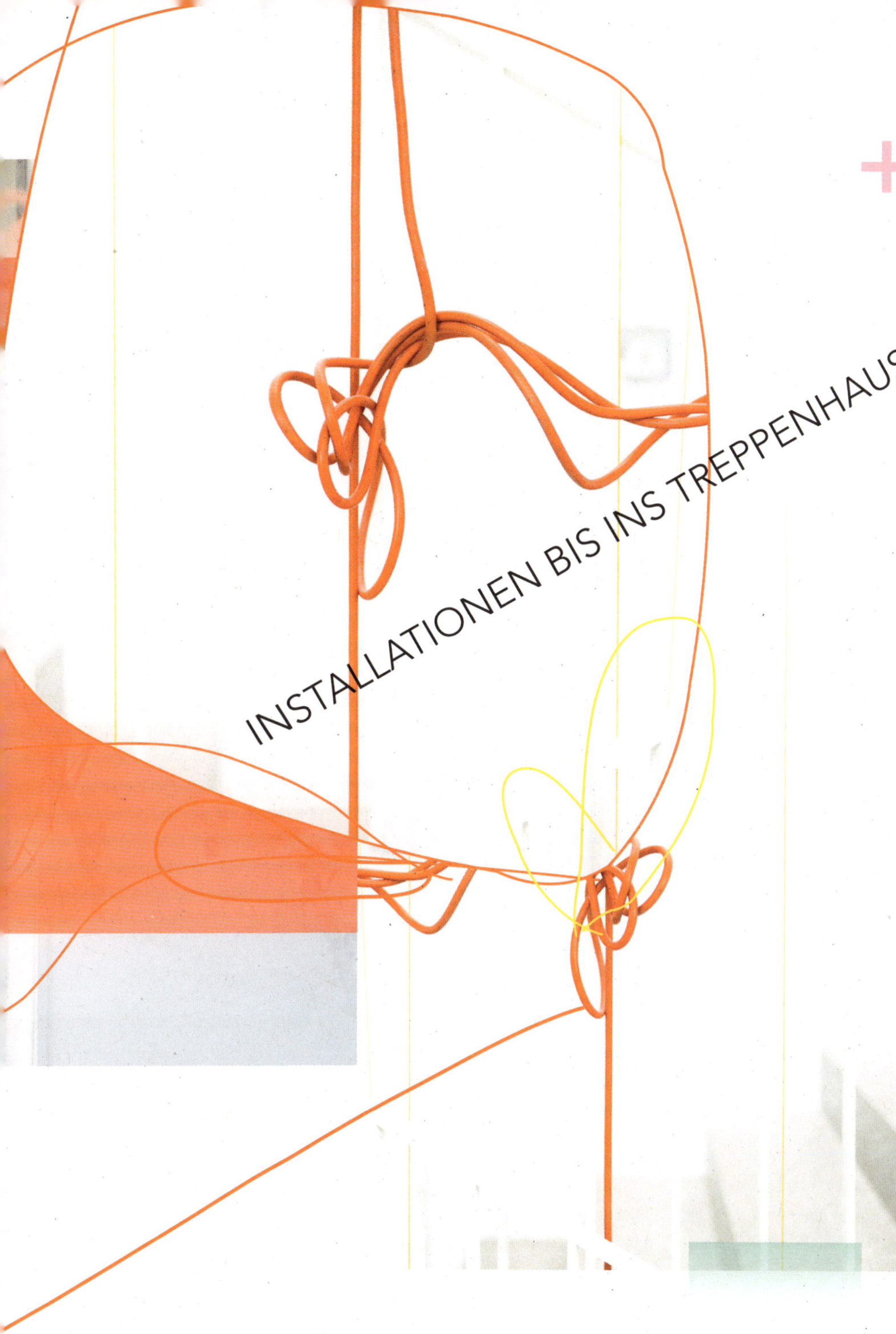

INSTALLATIONEN BIS INS TREPPENHAUS

GFZK Karl-Tauchnitz-Straße 9-11 04107 Leipzig

FEINKOST
ROTOR
BOOKS
OPEN
ROTORBOOKS Kolonnadenstraße 5-7 04109 Leipzig

ROTORBOOKS LITERARISCHE RARITÄTEN

Leipzig gilt als traditionelle Bücherstadt, die sachkundige Enthusiast*innen magisch anzieht. Zu ihnen gehören auch die Gründer*innen der unabhängigen Buchhandlung Rotorbooks. Anke Schleper und Daniel Niggemann eröffneten ihren Laden 2018 – in den Räumen eines ehemaligen russischen Feinkostgeschäfts in der Kolonnadenstraße. Zu Rotorbooks kommen Menschen, die sich für Publikationen zu zeitgenössischer Theorie, Philosophie und Kunst sowie ausgewählte Literatur interessieren. Wer hier stöbert, bleibt gerne auf einen frisch gebrühten Kaffee und ein Gespräch. Dazu gesellen sich manchmal auch die Mitarbeiter*innen des Merve Verlags, der in den hinteren Räumen des Ladens seinen Sitz hat. Der Name Rotorbooks ist übrigens ein Verweis auf das Rotationsdruckverfahren, das erstmalig die Herstellung von Literatur in hoher Auflage zu erschwinglichen Preisen ermöglichte.

„UNSER LADEN SOLLTE STARK AN DIE LOKALE LITERATUR- UND KUNSTSZENE ANGEBUNDEN SEIN."

Anke Schleper
Daniel Niggemann

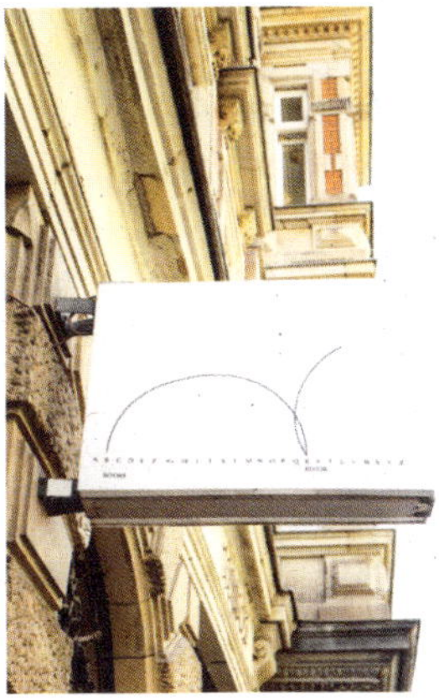

Mit Blick auf den Kunstverein Leipzig und einer Tasse Kaffee saß Harriet mit Daniel und Anke auf der Bank vor ihrem Laden, um mehr über Rotorbooks zu erfahren. Immer wieder kamen begeisterte Stammkunden vorbei, die das Gespräch unterbrachen. Es soll Schlimmeres geben, fand auch Harriets Kamera (Ergebnis: S. 16).

Welche Bücher finden wir bei Rotorbooks?
D: Unser Fokus lag zu Beginn vor allem auf Theorie, Philosophie und Kunst. Mit der Zeit ist auch die Literaturabteilung immer mehr gewachsen. Außerdem gibt es viele Bücher aus unabhängigen Verlagen und Künstler*innen-Publikationen in Kleinstauflagen. Unser Programm wird von uns kuratiert und wächst stetig durch die Empfehlungen unserer Kund*innen.

Dass ihr euch kennengelernt habt, verdankt ihr unter anderem einem abgebrannten Mietauto. Was hat es damit auf sich?
A: Ich war mit dem Verleger des Merve Verlags damals auf dem Weg nach Leipzig, um unseren neuen Laden zu renovieren. Mitten auf der Strecke hat das Auto plötzlich zu rauchen begonnen und ist Minuten später in Flammen aufgegangen. Glücklicherweise ist niemandem etwas passiert und wir sind dann Stunden später mit einem Ersatzwagen und unseren Werkzeugkoffern in der Kolonnadenstraße eingetroffen. Gegenüber fand im Kunstverein eine Ausstellungseröffnung statt. Ziemlich aufgekratzt und mit einer guten Geschichte im Gepäck lernte ich Daniel über eine gemeinsame Freundin kennen. Wir haben uns sofort gut verstanden und er bot mir einen Job bei einem Projekt an. Das Angebot war toll, aber ich war noch unsicher, weil ich bereits Pläne für die Buchladengründung hatte.
D: Ich hatte zu der Zeit gerade die Leitung eines zeitgenössischen Kunstfestivals übernommen und war dabei, ein

„WIR HABEN EINEN

Team aufzubauen. Anke hatte davor für die Berlin Biennale gearbeitet und war die perfekte Besetzung für den Job, nach etwas Überzeugungsarbeit konnte ich sie für das Projekt gewinnen. Dort haben wir schnell gemerkt, dass wir sehr gut zusammenarbeiten können und nach Ende des Festivals konnte sie mich wiederum überzeugen, den geplanten Buchladen gemeinsam zu gründen.

Hattet ihr für Rotorbooks, unabhängig von der Auswahl der Bücher, ein spezielles Konzept im Kopf?

D: Unser Laden sollte stark an die lokale Literatur- und Kunstszene angebunden sein.

A: Und auf jeden Fall ein einladender Ort sein, an dem regelmäßig Veranstaltungen stattfinden. Wir haben einen Großteil des Mobiliars selbst gebaut und so konzipiert, dass wir den Buchladen in wenigen Minuten zu einem Veranstaltungsraum umgestalten können.

GROSSTEIL DES MOBILIARS SELBST GEBAUT…"

SIMONA AUS DEM 7 SHOTS COFFEE (S. 58) HAT HARRIET DAS ROTORBOOKS ANS HERZEN GELEGT.

„ICH BIN SEIT FAST 10 JAHREN IN DER LEIPZIGER KAFFEESZENE UNTERWEGS..."

Das Gebäude, in dem sich euer Laden befindet, war früher mal eine Fleischerei und später dann ein russischer Lebensmittelladen. Wie seid ihr daran gelangt?

A: Zufall. Der Merve Verlag hat in Leipzig nach Räumen gesucht. Wir hatten uns zuvor ein anderes Objekt in der Straße angeschaut und sind im Vorbeigehen auf die leerstehende ehemalige Fleischerei aufmerksam geworden. Die komplett gefliesten Räume mit bukolischen Wandfliesen und ziemlich üppiger Deckengestaltung sind sehr speziell und die Idee, dort einen Buchladen und Veranstaltungsraum reinzusetzen, kam dann schnell danach.

Auch das Viertel hier scheint besonders...

D: Die Kolonnadenstraße wurde zu DDR-Zeiten von den Menschen „Eliteplatte" genannt. Die durch den Krieg entstandenen Lücken wurden mit Plattenbauten gefüllt, die erst in den 90er-Jahren fertiggestellt wurden. Die alten Häuser aus der Gründerzeit dazwischen blieben jedoch unüblicherweise erhalten. Heute lebt in dem Viertel eine bunte Mischung aus Leuten. Manchmal erinnern die Szenen, die sich auf der Straße abspielen, an die Kulisse einer Daily Soap: in der Wohnung gegenüber die alte Dame mit ihrer Katze, dann kommen von rechts die Jungs vom Thomanerchor die Straße herunter, nebenan im Café Tunichtgut Künstler*innen, Studierende und Familien und am Platz treffen sich unsere Cowboys und Punks.

A: Man hat hier ein tolles Kiez- und Nachbarschaftsgefühl. Nachbar*innen und Freund*innen kommen zum Quatschen, alle duzen sich, schon nach vier Wochen kannten wir gefühlt die halbe Straße.

Wie ist eure Verbindung zum Merve Verlag?

D: Wir teilen uns die Räume, organisieren gemeinsame Veranstaltungen und natürlich haben wir alle lieferbaren Titel des Verlags in unserem Sortiment.

Bei Rotorbooks gibt es nicht nur Bücher, sondern auch richtig guten Espresso und Filterkaffee. Wie kommt das?

D: Ich bin seit fast zehn Jahren in der Leipziger Kaffeeszene unterwegs, vor und hinter der Bar. Daher war mir schon zu Beginn unserer Planungen klar, dass wir auch eine kleine Kaffeeecke brauchen, wo ich mein Faible für hochwertige Kaffees mit unseren Gästen teilen kann.

Ihr beide kommt gebürtig aus dem Westen, beziehungsweise aus Norddeutschland. Wieso hat es euch hierher verschlagen und was macht Leipzig in euren Augen außergewöhnlich?

A: Leipzig ist eine Buchstadt – zahlreiche Traditionsverlage, beispielsweise *Seemann Henschel*, aber auch herausragende jüngere Verlage wie *Spector Books* sind hier angesiedelt. Nicht zu vergessen die großen Schiffe Leipziger Buchmesse, Deutsche Nationalbibliothek, die Hochschule für Grafik und Buchkunst Leipzig, das Deutsche Literaturinstitut und viele mittlere und kleine Kultureinrichtungen. Das hat für uns natürlich eine Rolle gespielt. Wir hatten von Anfang an das Gefühl, von der Stadt begrüßt zu werden. Neben all der vielseitigen kulturellen Angebote, die Leipzig als Großstadt zu bieten hat, gibt es eine große Offenheit, die das Leben und Arbeiten hier so interessant und spannend macht.

Danke, auch für den köstlichen Filterkaffee!

„WIR HATTEN VON

DAS GEFÜHL

VON DER STADT

ANFANG AN

BEGRÜSST ZU WERDEN."

mdbk
www.mdbk.de

MUSEUM DER BILDENDEN KÜNSTE

Nur wenige Gehminuten vom Hauptbahnhof entfernt türmt, mitten in der Innenstadt, das Gebäude des Museums der bildenden Künste (MdbK) klotzartig gen Himmel – und überragt alles, was es umgibt. Der quaderförmige Neubau wurde im Jahr 2004 eröffnet, genau 61 Jahre nach der Zerstörung seines Vorgängers durch britische Luftangriffe im Zweiten Weltkrieg. Sein Inneres zeigt einen großen Abschnitt der Kunstgeschichte. Neben alten Meistern (darunter Caspar David Friedrich) finden sich Werke Leipziger Künstler*innen wie Max Beckmann.

KUNST UND WEITSICHT IM GLÄSERNEN KUBUS

1

EIN FOYER AUS MUSCHELKALK UND GRAUEM SCHICHTBETON

Mit seinen über 10.000 m² Ausstellungsfläche zählt das MdbK zu einem der größten Ausstellungshäuser Deutschlands. Lichthöfe ziehen sich durch mehrere Stockwerke und sorgen dafür, dass Besucher*innen gleich beim Betreten der Eingangshalle ganz bis hoch an die Decke des Gebäudes schauen können.

1: „Syn(aes)thetic of Shine" – Eliana Heredia, 2: „STOMACH CONTENT XXL" – Swaantje Güntzel (© VG Bild-Kunst, Bonn 2021),
3: „K+C's Legendary Zero Waste Kitchen Ensemble & Co." – Kadija de Paula & Chico Togni // MdbK 2020

ÖFFNET DEN WEG

Keine Frage: Hier lassen sich auch die Sonderausstellungen imposant in Szene setzen. Die Sammelausstellung *Zero Waste*, zusammengestellt von Hannah Beck-Mannagetta und Lena Fließbach, regte mit Installationen und teils erschreckendem Filmmaterial zum Nachdenken über den eigenen Konsum an.

FÜR GEDANKEN

MDBK Katharinenstraße 10 04109 Leipzig

1

AUSSTELLUNGSRÄUME MIT PLATZ FÜR SINNFRAGEN UND SELBSTREFLEXION

Im MdbK werden die Besucher*innen dazu eingeladen, eigene Erfahrungen mit und in der Kunstwelt zu machen und diese zu hinterfragen. Anika Meier hat für die Ausstellung *Link in Bio. Kunst nach den sozialen Medien* die Werke verschiedener Künstler*innen kuratiert. Sie zeigen, wie sich unser Kunstverständnis durch Social Media verändert hat.

1: „ART LOOKS BETTER ON INSTAGRAM“ – Florian Kuhlmann, 2: „Cherry Picking“ – Arvida Byström // MdbK 2020

DANKBAR *Jahnallee 23 04109 Leipzig*

6

DANKBAR NEUE KAFFEEHAUSKULTUR IN EINER ALTEN METZGEREI

Dort, wo früher Rotwurst in ihre Form gepresst wurde, duftet es heute nach warmen Pancakes, würzigem Shakshuka und frischem Kaffee. 2018 eröffnete die Dankbar in der Jahnallee 23. Die ehemalige Fleischerei bezirzt bis heute mit ihrem Jugendstil-Charme. An den Wänden hängen schöne Fliesen und die bunt bemalte Decke steht sogar unter Denkmalschutz. Zum Abend gibt es in der Dankbar eine exklusive Weinauswahl und einmal im Monat ein Menü, das aus dem regionalen Gemüse der Stadtgärtnerei Annalinde gezaubert wird (S. 128).

MZIN PARADIES FÜR PRINT-BEGEISTERTE

Zugegeben: Durch den Mangel an Vokalen erschließt sich der Name dieses Ladens nicht auf den ersten Blick. Mit ein bisschen Grübelei kommt man dann aber doch darauf, worum es geht: Magazine. Grafik, Design, Mode, Popkultur, Fotografie, Illustration und Architektur – hier ist für alle etwas dabei. Noch dazu gibt es im MZIN wahre Schätze zu entdecken, da einige Magazine nur in Kleinstauflage produziert werden. Ein paar ausgewählte Ausstellungskataloge und (Foto-)Bücher gibt es ebenfalls. So zum Beispiel den Fotoband *TTP*, der eine Fotoserie von Hayahisa Tomiyasu zeigt. Auf den Bildern zu sehen ist die immer selbe Tischplatte, die Tomiyasu vom Fenster seines ehemaligen Studentenwohnheims in Leipzig beobachtete. Mal dient sie als Sonnenliege, dann als Klettergerüst für Kinder. 260 Seiten Tischtennisplatte, doch Ping Pong gespielt wird nie.

(7)

MZIN Kolonnadenstraße 20 04109 Leipzig

So viel anhaltende Neugier wie in dieser Publikation steckt auch im MZIN selbst: Vor über zehn Jahren startete die Idee als Uniprojekt. Mittlerweile gilt der Laden als etablierter Name in der Indieszene. Hinter MZIN steckt das Paar Philipp Neumann und Karen Laube. Mit ihrem Designstudio M21N sind sie auch freischaffend als Dozent*in und Grafikdesigner*in tätig und haben bereits für diverse Galerien gearbeitet. Da passt es gut, dass das MZIN nach Ladenschluss hin und wieder zum Veranstaltungs- und Ausstellungsraum wird.

EISENHAUER FUNKTION TRIFFT ÄSTHETIK

Das sogenannte Eisenhower-Prinzip beruht auf der Strategie, anstehende To-dos in Kategorien zu sortieren, um die dringendsten Aufgaben schnellstmöglich zu erledigen und unwichtige Dinge ganz von der Liste zu streichen. „Das passt!", dachten sich Katharina Staniok und Frédéric Krauser, als sie 2017 nach einem geeigneten Namen für ihren Schreibwarenladen suchten. Das Eisenhauer (der Name wurde eingedeutscht) ist heute Lieblingsort aller Menschen, die ihre Organisationsfimmel auf ästhetische Weise ausleben wollen. Der Laden ist gespickt mit Blöcken, Kalendern, Stiften, Ordnern und Ablagesystemen. Hier liegen deutsche Designklassiker neben japanischer Papierkunst, deren Haptik man ganz in Ruhe erfühlen darf.

(8)

EISENHAUER
TOMBOLAGEWINNE
geöffnet

EISENHOWER-MATRIX

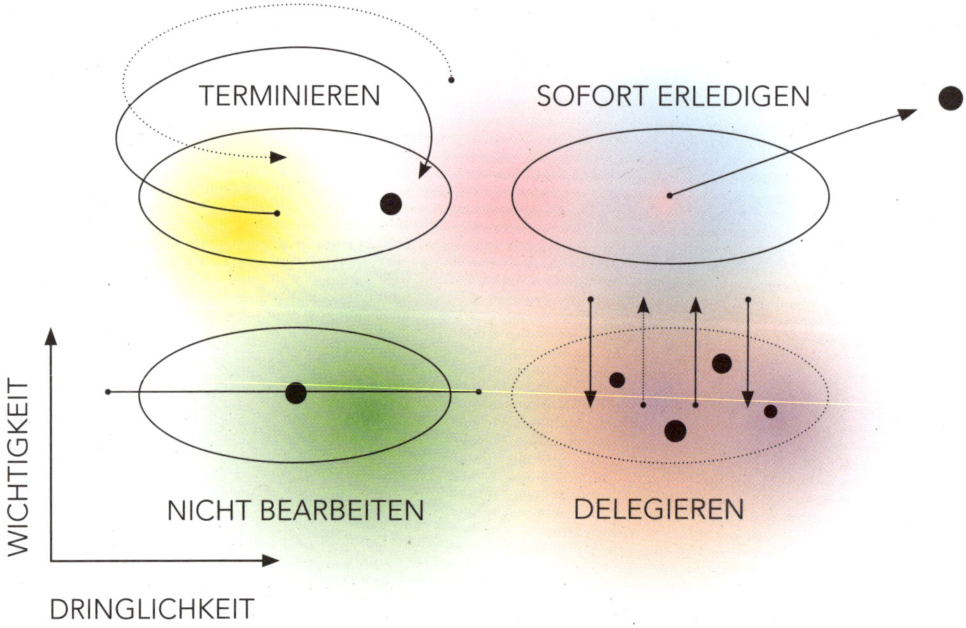

Hier im Kartenständer zu sehen: Arbeiten der Leipziger Illustrator*innen Slinga und Squizzy P.

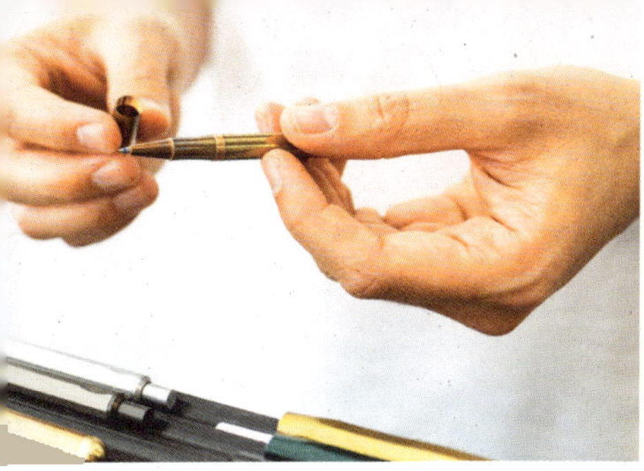

BÜROBEDARF MIT ERFOLG ENTSTAUBT

Katharina und Frédéric haben beide visuelle Kommunikation studiert. Und das sieht man! Ihr Auge für schnörkellose Ästhetik zieht sich sowohl durch den Laden als auch durch die Arbeiten, die sie mit ihrem gleichnamigen Grafikbüro fertigen. Das Eisenhauer entstaubt das Wort Bürobedarf mit einer gewaltigen Portion menschlicher Wärme und viel Liebe für Design.

EISENHAUER *Grünewaldstraße 19 04103 Leipzig*

7 SHOTS COFFEE MAXIMALE LEIDENSCHAFT FÜR KAFFEE

Simona Keilová liebt Specialty Coffee. Als die gebürtige Tschechin 2015 nach Leipzig zog, suchte sie in der ganzen Stadt jedoch vergeblich nach einem Ort, der ihre Begeisterung für (milligramm)genaue Brührezepte und helle Kaffeeröstungen teilte. Kurzentschlossen kaufte sie sich eine Espressomaschine und versorgte ihre Nachbarschaft in Connewitz mit Heißgetränken aus ihren liebsten Arabica-Bohnen. Weil aber der Ansturm größer als der Platz in ihrer Küche war, beschloss Simona, ein eigenes Café zu eröffnen. Heute führt sie mit ihrem Team, bestehend aus Peter Andersen (der seit Anfang mit dabei ist) und Niklas Steih (Neuzugang und Kaffeebrüh-Spezialist) das 7 Shots. Mit ansteckender Begeisterung erklären sie hinter dem Tresen, wie Cold Brew Coffee zubereitet wird – und haben auf jede Kaffeefrage mehr als eine Antwort. 7 Shots steht übrigens für die Tageshöchstmenge an Koffein, die zum Verzehr festgelegt ist, wobei Simona gesteht, diese gerne mal zu übersteigen.

9

SE7EN
SHOTS
COFFEE

Espresso 1,90
Filter Coffee 2,80
Cappuccino
Flat White 3,20 Latte 3,40
7 Shots—VB

GENUSS DER ZUSAMMENBRINGT

Simona arbeitet mit führenden europäischen Mikröstereien zusammen und verkauft in ihrem Laden auch eine Reihe an Kaffee-Equipment für all jene, auf die ihre Begeisterung überschwappt. Mit der Zeit hat sie eine feste Stammkundschaft um sich versammelt und arbeitet eng mit der dänischen Rösterei Coffee Collective zusammen. Das 7 Shots ist jedoch nicht nur ein Laden für Kaffee-Kenner*innen. An einem normalen Tag tummelt sich hier Jung und Alt, Menschen in weißen Hosen huschen in der Schichtpause vom Uniklinikum auf einen Cappuccino zum Mitnehmen herein, während sich auf den Bänken vor dem Café Medizinstudierende mit Karteikarten abfragen. Sie alle bekommen bei Simona das Gleiche: richtig guten Kaffee.

7 SHOTS COFFEE Philipp-Rosenthal-Straße 7 04103 Leipzig

SHOTS
COFFEE
-to go-

Die Hauptstraße des Leipziger Ostens (und vielleicht auch die internationalste Straße Sachsens) ist die Eisenbahnstraße. Gerne wird sie auch als Epizentrum des Trendvulkans der Stadt eingeordnet. Egal ob man auf der Suche nach einem koreanischen Supermarkt, Secondhandmode, Platten oder Baklava ist: Rund um die Eisenbahnstraße wird jede*r fündig. Weil die Straße in der Polizeistatistik eine bekannte Größe ist, wurde sie von so manch einem Boulevardmedium allerdings auch als „gefährlichste Straße Deutschlands" betitelt. Unabhängig davon eignen sich ihre vielen Bars ausgezeichnet für den letzten Drink eines langen Abends.

Täglich Frisches Obst, Gemüse,
Fleisch und Lebensmittel
ORIENTALISCHE

K.HASE

MASKE

TOM TAILOR

VARY VON MUSIKKULTUR UND ANDEREN BEGEGNUNGEN

Das Erste, was bei Vary im Leipziger Osten auffallen dürfte, ist die Größe des Ladens. 25 Jahre stand der ehemalige Malereibetrieb mit 100 qm Fläche leer, bis Falk Schenderlein, Julian Kramer und Pascal Gützloe hier einen Ort für Musik und Kaffee entstehen ließen. Wer ihren Laden betritt, ist eingeladen, in den Plattenboxen nach neuen musikalischen Schätzen zu suchen oder es sich mit Buch und Cappuccino auf Secondhand-Möbeln bequem zu machen. Der Name Vary kommt vom englischen Wort various und ist Programm: Hier findet sich alles vom 60er-Jahre-Jazz bis hin zur neuesten Electro-House-Platte. Die drei Gründer legen allesamt regelmäßig als DJs auf und beteuern, dass jede einzelne Vinyl in den Fächern des Ladens auch in ihren privaten Regalen zu finden ist. Im Vary trifft sich aber nicht nur die Leipziger Musikszene. Auch Filmvorführungen, politische Podiumsdiskussionen und Release-Partys finden dort regelmäßig statt. Außerdem werden abwechselnd die Werke von Künstler*innen ausgestellt, so wie die Arbeiten der lokalen Illustratorin Tali Bayer (zu sehen ab S. 74).

(10)

VARY Eisenbahnstraße 7 04315 Leipzig

„IN ERSTER LINIE WOLLTEN WIR EIN INKLUSIVES PLATTENLADEN-KONZEPT SCHAFFEN."

Pascal Gützloe
Julian Kramer
Falk Schenderlein

An einem warmen Julinachmittag traf sich unsere Autorin Harriet mit den drei Gründern des Vary. Bei Espresso und Elektro sprachen sie über inklusive Ladenkonzepte und die ganz besondere Lebensweise der Menschen in Leipzig.

Vary ist Plattenladen, Café mit Garten, Ausstellungsfläche und Veranstaltungsraum in einem. Wie seid ihr auf die Idee für dieses Konzept gekommen?
P: In erster Linie wollten wir ein inklusives Plattenladen-Konzept schaffen. Eines, zu dem man auf lockere Weise einen Zugang zur Musik findet. Ich selbst hatte in den meisten kleinen, eher nischigen Plattenläden immer das stressige Gefühl, innerhalb von fünf Minuten 30 Platten durchhören zu müssen und dabei ständig jemandem im Weg zu stehen. Wir haben den Laden also bewusst groß und hell konzipiert. Das angeschlossene Café soll unseren Gästen Gelegenheit bieten, zu verweilen und sich untereinander über Musik auszutauschen. Wenn der Platz an den Vorhörstationen besetzt ist, kann man sich gemütlich mit einem Magazin oder einem Buch und einer Tasse Kaffee hinsetzen. Vielleicht lernt man dann beim Warten noch eine andere Scheibe kennen, die gerade im Laden läuft – oder es findet zufällig eine unserer Veranstaltung statt.

Ihr drei kommt ursprünglich aus Jena, Erfurt und Karlsruhe. Wie habt ihr euch kennengelernt?
F: Wir haben alle drei als DJs aufgelegt, Platten gesammelt und Veranstaltungen wie Konzerte oder Partys organisiert – nur eben in unterschiedlichen Städten.
P: Falk und ich kannten uns schon länger, weil die Kulturszene in Thüringen recht überschaubar ist und man sich da zwangsläufig irgendwann über den Weg läuft. Julian habe ich über gemeinsame Freunde aus Leipzig auf einem Konzert kennengelernt und dann eingeladen, zusammen mit Falk auf meiner Geburtstagsparty aufzulegen.
F: Ab da ging dann alles ziemlich schnell: In den Monaten darauf gab es einige Treffen zwischen uns dreien, in denen wir gemerkt haben, wie sehr sich unsere Zukunftsvorstellungen ähneln.

Wie ergänzt ihr drei einander?
P: Julian ist studierter Grafikdesigner und Illustrator. Er übernimmt die ganze Gestaltung für den Laden und unser Label. Ich habe ein Graffiti- und Kalligrafie-Background und arbeite nebenbei als Freelancer in dem Bereich. Wir drei legen außerdem weiterhin auf. Es war uns allen wichtig, dass kein allzu großer finanzieller Druck auf unseren kreativen Jobs liegt. Wir würden beispielsweise

auf keiner Hochzeit auflegen oder Bob der Baumeister-Bilder in irgendwelche Kinderzimmer malen, nur um Geld

zu verdienen. Der Laden verbindet all unsere Interessensfelder in einem Gesamtkonzept und schafft für uns eine gewisse Sicherheit. Er ist sozusagen das Fundament unserer Arbeit und die Stütze für all das, was wir nebenher machen.

Wie kam es dazu, dass ihr Vary in Leipzig eröffnet habt?

P: Wir haben überlegt, wo man einen Ort wie das Vary gebrauchen kann. Der hundertste Plattenladen in Köln, Hamburg oder Berlin zu sein, wäre einfach unsinnig gewesen. Uns ging es schon darum, etwas Sinnvolles zum Stadtbild und zur Kulturlandschaft beizutragen.

Ihr habt Vary auf der Eisenbahnstraße im Leipziger Osten eröffnet. Wolltet ihr gezielt an diesen Ort?

F: Ehrlich gesagt hatten wir unsere Suche anfangs in anderen Vierteln begonnen. Dass wir nun hier im Osten von Leipzig gelandet sind, war reiner Zufall.

P: Wir haben damals alle drei im Westen der Stadt gewohnt – dem Viertel, in dem wir auch unsere Zielgruppe vermuteten. Aber dort gab es nur Absagen, sodass wir unseren Radius erweitern mussten. Als wir uns hier in der Straße umsahen, hatte der Hausmeister gerade die fertig renovierten Wohnungen mit einem Aushang im Schaufenster beworben. Spontan hielten wir an und klopften an die Scheibe, um zu fragen, ob er uns den Laden zeigen kann. Das war ein gigantischer Glücksfall.

Wie wurde euer Laden nach der Eröffnung von den Leuten im Viertel angenommen?

P: Zu dem Zeitpunkt (2015) gab es in Leipzig keinen Ort für kontemporäre Musik, entsprechend war der Buzz

„DAS WAR EIN GIGANTISCHER GLÜCKSFALL."

schon groß. Wir hatten durch unsere Gigs und Veranstaltungen bereits ein recht gutes Netzwerk an Künstler*innen im visuellen und musikalischen Bereich aufgebaut. Dass der Laden und unser Konzept so gut angenommen würden, hätten wir aber trotzdem nicht gedacht. Nachdem wir die Veranstaltung für unsere Ladeneröffnung auf Facebook erstellt hatten, waren wir ein paar Stunden unterwegs, um zu plakatieren. Wieder zurück hatten schon über 1.000 Leute zugesagt. Das war echt ein überwältigendes Gefühl. Die Leute wussten ja noch nicht einmal, was sie genau erwartet. Wir sind total dankbar für dieses Vertrauen, bleiben aber ebenso gern offen für konstruktive Kritik an dem, was wir tun.

Hat sich die Eisenbahnstraße in euren Augen innerhalb der letzten Jahre stark gewandelt?

J: In den fünfeinhalb Jahren, in denen wir nun hier mit dem Laden sind, hat sich die Eisenbahnstraße sehr verändert. Viele der leerstehenden Gebäude wurden mittlerweile renoviert und wieder vermietet. Nach und nach haben vermehrt neue Geschäfte eröffnet. Die Straße und das Viertel befinden sich also definitiv in einem spürbaren und anhaltenden Wandel. Man bekommt aber auch nicht alles mit. Durch den Leerstand haben viele, auch finanziell sehr wohlhabende Menschen, die Möglichkeit, sich hier auszubreiten. Dadurch verändert sich die Stadt sowohl vom Mietspiegel als auch vom Inhalt stark.

Wie habt ihr die Aufgaben im Team untereinander aufgeteilt?

P: Am Anfang hat jeder von uns so ziemlich alles gemacht. Mit den Jahren hat sich dann aber gezeigt, wer in welchen Bereichen etwas fitter ist. Heute liegt der Platteneinkauf am stärksten bei Falk, Veranstaltungen organisiere ich und Julian kümmert sich um die visuelle Identität des Ladens. Er gestaltet auch unsere Label-Releases und den Vary-Merch.

F: In unserem Konzept gibt es einfach sehr viele Aufgaben, die man gar nicht so direkt sieht. Dazu gehören zum Beispiel auch Möbel-Restaurationen und Buchhaltung. Ich hätte am Anfang gar nicht gedacht, wie viele kleinteilige Aufgaben da auf uns zukommen. Mittlerweile habe ich aber das Gefühl, dass wir das zu dritt ganz gut managen.

Euch drei verbindet eine große Leidenschaft zur Musik, die ihr alle auch außerhalb des Ladens zum Job gemacht habt. Wie schafft ihr es, euch den Raum für eigene Projekte zu nehmen?

J: Meine Leidenschaft für Musik kommt bei mir neben dem DJing und dem gemeinsamen Organisieren von Veranstaltungen auch beim Musikmachen zum Ausdruck. Dafür ist zwar auf Grund der Arbeit im Laden viel weniger Zeit als zuvor, jedoch konnte ich auf unserem eigenen Label mein Album veröffentlichen. So bleibt alles quasi im Gleichgewicht. Ich glaube, das geht den anderen auch so.

Auch wenn die Corona-Pandemie euch vor schwierige Herausforderungen stellt: Habt ihr Ziele und Träume für die nächsten Jahre?

P: Die Pandemie, aber auch die gesellschaftlichen Entwicklungen allgemein, haben bei mir den Wunsch verstärkt, einen Ort zu bieten, der noch freier genutzt werden kann. Vary soll vor allem auch ein Bezugsort für marginalisierte Gruppen sein. Wir hatten in der Vergangenheit schon öfters Workshops im Laden mit sozial benachteiligten Kids oder haben politische Screenings und Podiumsdiskussionen organisiert. Meistens fanden diese im Rahmen von Kooperationen statt. Wir haben aber gerade in dieser extremen Zeit gemerkt, dass wir uns stärker in der Verantwortung sehen, Dinge selbst voranzubringen und unseren Raum, den wir hier geschaffen haben, noch nutzbarer für Dinge zu machen, die über den reinen Konsum hinausgehen. Unser Laden ist nun außerdem an sieben Tagen die Woche geöffnet.

Das klingt so, als ob ihr eine sehr offene und freie Einstellung teilt, wie man sie hier in Leipzig öfters antrifft.

P: Nach Leipzig kommen viele Leute, die bewusst ein Gegenmodell im Lebensentwurf suchen. Also ein Gegenmodell zum klassischen Karriere-Konsum-Lifestyle. Leute, die eben nicht als Grafiker in einer großen Agentur arbeiten wollen, sondern versuchen, sich selbstständig irgendwie durchzuboxen und ihre Herzensprojekte zu verwirklichen. Es gibt hier viele Läden, bei denen Authentizität und Spirit im Vordergrund stehen.

Abgesehen von den Menschen, was macht für euch das Stadtbild von Leipzig aus?

J: Abseits von den Seen rund um die Stadt herum, mag ich an Leipzig besonders, dass es so viele Parks gibt. Ich gehe am liebsten in den Clara-Zetkin-Park, weil er mit seinen vielen verschachtelten Ecken so weitläufig ist, dass man immer einen Fleck findet, an dem man mal ein paar Stunden ganz für sich sein kann.

F: Die Verbindung der Parks ist das grüne Band – du kommst durch die ganze Stadt, ohne einmal auf eine große Straße zu müssen.

Dankeschön für diesen Einblick!

„VARY SOLL VOR ALLEM AUCH EIN BEZUGSORT FÜR MARGINALISIERTE GRUPPEN SEIN."

VLEISCHEREI FLEISCHLOS MIT ANSAGE

Die Vleischerei war schon vegan, ehe man Veganismus im 180 Kilometer entfernten Berlin-Mitte zum Trend erklärte. Die Speisekarte steht dabei einem Imbiss, wie man ihn kennt, in nichts nach: Es gibt Thüringer mit knusprigen Fritten, Schwarzbier-Gulasch und Vöner – nur eben alles liebevoll hausgemacht mit Seitan oder Tofu. Obwohl der fleischlose Dönerladen an der Eisenbahnstraße auf den ersten Blick fast schon gefährlich nach Punkrock aussieht, sind die Menschen darin angenehm offen und bunt durchmischt.

(11)

Livia Han

Chute, 20

Livia Hansons F
Marseille und d
gelegenen Indu
Mittelmeerufer
reiche Stahl-, C
hat. Aufgrund d
Fos-sur-Mer als
Gemeinden Fra
serie dystopisch
ng und erinn
ge Maßnahm
ergreifen.

ungsplan im La
fore.

te und Informat
n Afeefa: leipzig.afeefa.de/search/artwalk

te and information can also be found on the digital city
eefa: leipzig.afeefa.de/search/artwalk

Leipzig

VLEISCHEREI Eisenbahnstraße 128 04315 Leipzig

VEGANE INTERPRETATIONEN

Auch das Interieur im Lokal ist wild zusammengewürfelt, kein Tisch gleicht dem anderen. Vieles ist mit Liebe selbstgemacht, so auch der Fliesenspiegel an der Wand. Übrigens macht die Vleischerei nicht nur für den schnellen Hunger etwas her, ihre Schaufenster werden auch gerne als Ausstellungsfläche für Kunst genutzt.

RISO CLUB LEIPZIGS COOLSTER COPY SHOP

Ein Risodrucker sieht auf den ersten Blick aus wie ein Fotokopierer. Er ist auch vergleichbar schnell, was den Druck betrifft, in seiner Technik ähnelt er allerdings eher dem klassischen Siebdruckverfahren. Pro Druckdurchgang werden maximal zwei Farben gleichzeitig aufgetragen. Dazu fertigt man aus der Druckdatei sogenannte Masterfolien an, die vom Gerät im Herzen der Maschine um die entsprechende Farbtrommel gewickelt werden. Dank der Rotation der Trommel wird die Farbe durch das Sieb und die gelaserte Masterfolie aufs Papier gedrückt. Ganz ohne Anwendung von Hitze oder Chemie. Beim Risodruck wird nur ein Bruchteil so viel Energie verbraucht wie bei einer normalen Digitaldruckmaschine. Auch weil die Tinte auf Sojaöl basiert und die Folien aus Hanffasern bestehen, gilt das Druckverfahren als besonders umweltfreundlich. Benannt ist es übrigens nach der japanischen Firma Riso, die es in den 40er-Jahren in der Übergangsphase vom mechanischen zum digitalen Drucken entwickelt hat. Zielgruppe damals waren vor allem Schulen und Behörden, die einen hohen Bedarf an günstiger und schneller Vervielfältigung hatten. 80 Jahre später erlebt das analoge Drucken eine unerwartete neue Blütezeit: Weltweit ist eine kleine, feine Riso-Bewegung gewachsen, bestehend aus Gestalter*innen, die raue Papiere und imperfekte Unikate digitalen Hochglanzdrucken vorziehen. Manche von ihnen trifft man in der Hermann-Liebmann-Straße 88 an, hinter den großen Schaufenstern des Riso Clubs. Aber auch komplette Riso-Neulinge heißt Betreiberin Sina Schindler herzlich willkommen.

RISO CLUB Hermann-Liebmann-Straße 88 04315 Leipzig

Übrigens: Riso-Farbtrommeln sind recht teuer, deshalb bieten die meisten Risodruckereien nur ein paar verschiedene Farben an. Und auch weil jede zusätzliche Farbe einen weiteren Arbeitsschritt bedeutet, wird die gewünschte Farbvielfalt beim Risodruck vor allem durch das Übereinanderschichten von Farben erzeugt. Die Gestaltung kann weiter durch Einstellungen wie die Deckkraft des Farbauftrags beeinflusst werden.

Das Mini-Riso-Booklet zu dieser Strecke: für uns gestaltet von der Leipziger Künstlerin Tali Bayer. Gedruckt wurden diese Seiten nahe unseres Verlagssitzes – auf dem Risographen im Raum für Illustration in Hamburg.

„ES GIBT EINE KL

„ES GIBT EINE K

Sina Schindler

An einem der heißesten Tage des Jahres entstand das Interview mit Sina im Riso Club. Lediglich durch die Suche nach Eis zur Abkühlung wurde es zwischendurch kurz unterbrochen. Dann ging es weiter um das Risodruck-Verfahren, welches (ähnlich wie Schallplatten oder analoge Fotografie) gerade eine Renaissance feiert.

Wie bist du zur Risographie gekommen?

S: Über meine damalige Hochschule in Darmstadt. Die hat sich ein Jahr vor meinem Diplom einen Risodrucker angeschafft. So konnte ich erste Erfahrungen mit Riso machen.

Hat der Riso Club dort seinen Ursprung?

S: Ja. Alex Brade, eines von drei Gründungsmitgliedern, wollte schon immer ein Poster drucken, das den Hausmeister der Hochschule anspricht, der immer alles abhängt, weil Plakatieren eigentlich verboten ist. Das Poster

NE FEINE RISO-SZENE WELTWEIT."

E FEINE RISO SZENE WELTWEIT."

Print mit Riso Club im Drucker (linke Seite): Fuzzzgun, gestapelte Prints: Ricaletto

> „WIR WOLLTEN VON ANFANG AN EINEN OFFENEN ORT SCHAFFEN, AN DEM ALLE MITBASTELN KÖNNEN."

mussten wir also heimlich drucken, da es in Darmstadt außerhalb der Hochschule keine offenen Werkstätten gab. Wir sind nachts in die Druckerei der Fachhochschule eingebrochen, haben den Risodrucker benutzt und uns währenddessen überlegt, dass wir gerne einen Ort schaffen wollen, an dem man zu egal welcher Tages- und Nachtzeit und ohne Geheimniskrämerei produzieren kann. So ist die Idee zur Werkstatt aka des „coolen Copy Shops" entstanden. Die heimlich produzierten Drucke mit der Aufschrift „Leo hat mich hängen lassen" haben wir dann übrigens an den unmöglichsten Stellen der Hochschule aufgehängt, damit unser Hausmeister Leo sie wirklich einfach mal hängen lässt. Und nicht wie gewohnt sofort abhängt.

Es heißt, jeder Riso-Druck sei ein Unikat. Wie kommt es, dass jedes Ergebnis anders ausfällt?

S: Man sagt zwar, dass jeder Druck ein Unikat ist, aber eigentlich stimmt das

nicht so ganz. Der Riso hat einfach ein paar Macken, die die ein oder andere Kopie anders aussehen lassen. Zum Beispiel kann meine Maschine, die irgendwann in den 90ern zur Welt kam, nicht hundertprozentig passgenau drucken – die einzelnen Drucke verschieben sich immer um einen Millimeter nach links oder rechts. Das sieht man vor allem bei mehrfarbigen Drucken, weswegen dann quasi „jeder Druck ein Unikat" sein könnte.

Risodruck ist deutlich umweltfreundlicher als die Benutzung eines Standarddruckers, zum Beispiel weil die Tinte auf Sojaöl basiert. Welche weiteren Vorteile gibt es?

S: Der Riso kann ähnlich wie bei Offset sehr viel in sehr kurzer Zeit drucken. Aber im Gegensatz zu den großen Offsetmaschinen hat man nicht mal ein Zehntel des Ausschusses, da Offsetmaschinen mindestens hundert Bögen „verdrucken", ehe das gewünschte Druckergebnis rauskommt. Zudem verbraucht der Riso nicht viel Strom und verbreitet auch keine giftigen Gase wie bei Laserdruckern.

Wie gut ist die Riso-Szene verbunden?

S: Es gibt eine kleine feine Riso-Szene weltweit. Die meisten von uns sind über eine Gruppe in den sozialen Medien vernetzt, gerade wenn es um Reparaturen geht oder man einfach mal Hallo sagen will, ist das super. Oder man trifft sich auf gängigen Comic-Messen wie *The Millionaires Club* in Leipzig.

Wieso bezeichnet ihr euch als Club? Und druckt ihr euch auch eigene Clubausweise?

S: Wir wollten von Anfang an einen

„LEIPZIG WAR SCHON IMMER EINE STADT DER KUNST UND VOR ALLEM DER DRUCKKUNST.“

Riso Club Sticker: Schreier Johann

offenen Ort schaffen, an dem alle mitbasteln können. So entstand die Idee eines Clubs. Und natürlich gibt es für jedes Mitglied einen LAMINIERTEN Clubausweis!

Der Riso Club soll ein offener Ort für alle Leipziger*innen sein. Wie wird das in der Stadt angenommen?

S: Ich habe das Gefühl, der Laden wird von den Leipziger*innen gut angenommen. Man erlebt auch immer wieder schöne Begegnungen im Ladenleben und mit der Nachbarschaft. Nachdem wir frisch eröffnet hatten, kam zum Beispiel eine Frau vorbei und hat uns gefragt, ob wir eine große Pflanze wollen, die nicht mehr in ihre Wohnung passe. Seitdem steht ihr riesiger Gummibaum in unserem Schaufenster. Die Frau läuft manchmal daran vorbei und freut sich. Man merkt schon, dass viele Leute neugierig auf unser Risodruck-Angebot sind. Die Druckaufträge sind dabei divers – von Flyern für Konzerte bis hin zu einem Projekt im Auftrag des Goethe-Instituts, für deren Dokumentation wir circa 19.000 Seiten gedruckt, sortiert und binden lassen haben. Anschließend sind wir für die Zusammenarbeit sogar mit dem Risographen nach Erfurt gefahren, um im Rahmen des Projektes live vor Ort noch mehr Seiten zu drucken.

Was macht die Leipziger Kunst- und Kulturszene für dich so einzigartig?

S: Leipzig war schon immer eine Stadt der Kunst und vor allem der Druckkunst. Nach der Wende und noch ein paar Jahre später, nachdem dann auch Berlin teurer wurde, ist Leipzig für viele Menschen interessant geworden – billige Mieten, viele Künstler*innen und so weiter. Was es für mich besonders macht, sind die vielen privaten Hausprojekte, in denen auch Clubs, Werkstätten oder andere offenen Räume beherbergt sind. Diese bleiben meistens bestehen und halten den gewissen Alternativ-Faktor hoch.

Danke für das Gespräch!

DINGDONG AUFREGEND UNAUFGEREGT

Im Dingdong herrscht Wohnzimmeratmosphäre, die nicht zuletzt durch den Fernseher neben dem Tresen erzeugt wird, auf dem stets der immergleiche Schriftzug flimmert: Dingdong. Das Café, welches eigentlich ein Bistro mit abwechslungsreichen Kleinigkeiten und dann doch auch irgendwie eine Bar ist, zieht kulinarisch wie optisch zeitlose Klassiker den neuesten Trends vor. Freitags legt hier ein DJ auf. Kleiner Fun Fact: Inhaber Niko Schneider hat ein Faible für Disconebel. Dieses ging sogar so weit, dass er die befreundete Leipziger Künstlerin Vitiko Schell bat, den Erfinder des Phänomens auf einem Ölgemälde zu porträtieren. Das hängt nun goldumrandet an einer Wand im Dingdong und harmoniert bestens mit der Stimmung, die vor allem eins ist: herrlich gelassen.

(13)

DINGDONG Konradstraße 55 04315 Leipzig

ANA
LOG
CAFÉ / BAR

ANALOG ABSCHALTEN

Der Leipziger Osten ist vor allem für die Eisenbahnstraße bekannt, dabei lohnt sich auch das Verlaufen in die ruhigen Nebenstraßen. Vom leckeren Kaffeeduft angelockt, landet man kurz vor der Heilig-Kreuz-Kirche dort, wo es den besten Käsekuchen der Stadt gibt: im Analog. Einzig die Decke des Cafés lässt noch erahnen, dass sich hier einst eine Durchfahrt zum Hof verbarg. Jahrelang stand das Haus leer, war mal eine Druckerei (deren Namen bis heute noch am Haus steht, Pögehaus) und beherbergt das Analog sowie verschiedene Kulturprojekte, die es zu einem soziokulturellen Treffpunkt machen. Der Vorbesitzer betrieb hier eine Bar, bis Thomas Sandner 2018 den Raum übernahm und sein Café samt Garten im grünen Hinterhof eröffnete.

(14)

KANADISCHE ERINNERUNG UND NEW YORK CHEESECAKE

Benannt ist das Café nach einem Coffeeshop, den Tom in Kanada entdeckt hatte. Während eines Schneesturms hatten er und ein Freund sich damals ins Analog gerettet. Der perfekte Name, fand Tom, der in Leipzig sein eigenes Analog eröffnete. In seinem Analog gibt es einen hauseigenen Espresso-Blend, der in Kooperation mit der Brühbar, einer Kaffeerösterei im Leipziger Westen, entsteht.

Toms Filterkaffee stammt aus variierenden Röstungen von internationalen Röstereien, den Käsekuchen backt er wiederum selbst. Mit der Zeit wurde das Rezept stetig von Tom verbessert: Erst waren ihm die Kekse nicht gut genug, dann der Frischkäse zu weich. Fast zwei Jahre hat es gedauert, bis er den perfekten New York Cheesecake präsentierte, zu dem ihn übrigens eine USA-Reise inspirierte. Der Leipziger ist gelernter Koch und hat schon während seiner Zeit in anderen Gastronomien vom eigenen Laden geträumt. Mit etwas Berufserfahrung und Weltblick hat er sich dann aber endlich getraut.

DER KÄSEKUCHEN IM ANALOG: EIN TIPP VON KATHARINA AUS DEM EISENHAUER (S. 54)

ANALOG Hedwigstraße 20 04315 Leipzig

SOROKIN
Sleeve
RECORDS &
SECOND HAND
CLOTHING
WE ARE OPEN!

SLEEVE++ VINTAGE-MODE TRIFFT MUSIK

Das Sleeve++ im Leipziger Osten ist ein Secondhand- und Plattenladen. Statt Mottenkugeln und Wühlkisten finden Besucher*innen in den hellen Innenräumen ein gut sortiertes Sortiment und liebevolle kleine Stillleben aus interessanten Kombinationen vor: Pflänzchen neben 80's-Ski-Overall und giftgrünen Ohrringen in Tribal-Form zum Beispiel. Jedes Kleidungsstück und jede Schallplatte im Sleeve++ wurde mit viel Bedacht ausgewählt. Hier hängen Vintage-Teile neben upgecycelten Kreationen lokaler Designer*innen und Secondhand-Platten neben Neuware. Die Gründer*innen setzen auf Teile, die mit unterschiedlichen Menschen mehrere Lebenszyklen durchlaufen und auf diese Weise Ressourcen schonen.

STÖBERN STATT LEERSTAND

Die Ladenfläche des Sleeve++ befindet sich in einem Haus mit neugestalteten Kunstateliers, das zuvor 30 Jahre leer stand. Lale, Tami, Maik, Laurin und Robert haben den Laden über zwei Jahre hinweg selbst ausgebaut. Die fünf Freund*innen kennen sich nicht durch frühere Detektivarbeit, sondern aus der Leipziger Musikszene. Die Gründer*innen wollen, dass das Sleeve++ ein diskriminierungsfreier Raum ist, in dem schüchterne Menschen genauso zurückgezogen Platten und Kleidung durchforsten können, wie sich andere aufgeregt über die Szene austauschen.

SLEEVE++ Mariannenstraße 74 04315 Leipzig

Die Südvorstadt ist der bevölkerungsreichste und zugleich jüngste Stadtteil Leipzigs. Hier wimmelt es von Bars und Clubs, aber auch idyllische Grünanlagen wie der Clara-Zetkin-Park sind nicht weit. Angrenzend an die Südvorstadt liegt Connewitz, das „linksalternative Zentrum" der Stadt. Neben besetzten Häusern befindet sich hier das selbstverwaltete Jugend-Kulturzentrum Conne Island samt Club und Skaterbahn. Weiter östlich im Süden ragen die Doppelkuppeln des Instituts für Zukunft gen Himmel. Freund*innen der elektronischen Tanzmusik sei an dieser Stelle ein Blick auf Seite 168 empfohlen.

Ü

D

E

N

VEB
FEINKOST
LEIPZIG
und Gemüsekonserven,
ischfertige Gerichte,
onzentrierte Suppen.

ASK
HEL
MUT

FOCKEBERG DIE STADT ZU FÜSSEN

Brombeersträucher und Bäume umrahmen den Blick auf Plattenbauten, Jugendstilhäuser und die Pferderennbahn. Zwischen ihnen ragen einige der höchsten Punkte Leipzigs in den Himmel: das City-Hochhaus mit dem dominanten MDR-Logo und das Völkerschlachtdenkmal. Mit bloßem Auge zu erkennen sind außerdem ein paar Balkonmarkisen, Kräne, Sonnenschirme und Kirchturmspitzen. Doch die tolle Aussicht muss man sich verdienen. Die steile Beschaffenheit des Aufstiegs auf den Fockeberg, bei dem man vor allem in den Sommermonaten durchaus ins Schwitzen kommt, sorgt dafür, dass es auf der Spitze des Hügels nie zu voll ist.

(16)

IDYLLE BIS ABENTEUER

Der Fockeberg ist künstlich entstanden: Nach dem Zweiten Weltkrieg sammelte man hier Trümmerschutt, später wurde der entstandene Hügel begrünt. Am liebsten will man heute den anderen Menschen, die sich auf Spazierwege, Bänke und Picknick-Decken verteilen, zuwinken – aus Freude darüber, sich gemeinsam an diesen magischen Ort verirrt zu haben. Wer nach dieser Romantik die kindliche Leichtigkeit entfachen möchte, dem sei empfohlen: Schiebt euer Fahrrad bis ganz nach oben und düst mit vollem Karacho den Berg herunter. Am besten gleich mehrmals hintereinander.

FOCKEBERG Fockestraße 04275 Leipzig

ZEST GEHOBEN OHNE ABZUHEBEN

Im rustikal eingerichteten Zest gibt es international inspirierte fleischlose Küche. Die kreative Koch- und Essphilosophie des Ladens, für die er weit über Leipzig hinweg bekannt ist, mündet in immer wechselnden, frisch zubereiteten Kreationen auf den Tellern. Dabei hat das Zest alles, was ein Restaurant braucht – hervorragendes Essen, gute Getränke, tollen Service. Auch mit den Schwiegereltern kann man hier auf seine Kosten kommen: die Küche ist gehoben, wenngleich nicht abgehoben. Das Zest ist ein Ort, der das Konzept Restaurant und Fine Dining ernst nimmt, ohne den Connewitzer Charme abzustreifen. Ein wunderschöner Spagat zwischen zwei nicht leicht zu vereinbaren Welten.

(17)

ZEST Bornaische Straße 54 04277 Leipzig

COSPUDENER SEE

ZUM HORIZO

Glasklares Wasser, feinsandige Strände und viele ruhige Plätze entlang eines von Birkenbäumen gesäumten Rundwegs – der Cospudener See, von den Leipziger*innen auch liebevoll „Cossi" genannt, ist einer der beliebtesten Badeorte nahe der Stadt.

Der See umfasst 4,36 Quadratkilometer. Das sind etwa 610 Fußballfelder oder 1,2-mal die Fläche des New Yorker Central Parks. Mit anderen Worten: Er ist wirklich groß. Neben Schwimmen und Sonnen (Bekleidung ist dabei meist optional), eignet sich der Cossi und dessen umliegendes Naherholungsgebiet auch wunderbar zum Segeln, Wind- oder Kitesurfen, Tauchen, Inlineskaten und Radfahren. Eine Umrundung des Sees mit dem eigenen oder geliehenen Rad auf dem zehn Kilometer langen, asphaltierten Weg dauert etwa 45 Minuten.

DIE AUSSICHT UNGETRÜBT UND AUF DEN GRUND

18

AM UFERLOSEN UFER SITZEND

Am schönsten ist der Cossi in den frühen Morgenstunden, wenn die Stadt noch schläft. Einmal überwinden und in der Dämmerung aufstehen, mit dem Rad am Wasser entlang durch den Auwald düsen und über dem Wasser den Tag erwachen sehen – am besten mit einem Kaffee aus der mitgebrachten Thermoskanne. Dann einfach ein bisschen dösen, bis die Wärme des gelben Balls am Himmel wirkt und zur Abkühlung ins Wasser springen.

Der See als idyllischer Badeort ist übrigens gerade einmal 20 Jahre jung. Bis in die 80er-Jahre wurde hier noch Braunkohle gewonnen. Seit 2012 existiert auch eine Kanalverbindung für Boote, so kommt man über sechs Kilometer Wasserweg direkt vom Leipziger Zentrum an den Cospudener See.

AB INS BLAUE NASS

EINZIG DIE VÖGEL DIE
SIND AUCH SCHON WACH

COSPUDENER SEE Lauerscher Weg 04249 Leipzig

Viele bezeichnen den Leipziger Westen als Stadtteil, der über die letzten Jahre erwachsen wurde. Galt er einst als Viertel der Studierenden, so ist es hier mittlerweile deutlich gesetzter und ruhiger, aber keinesfalls langweilig geworden. Industriearchitektur und Wasser prägen das Bild des Westens. Rasend schnell haben sich Plagwitz, Schleußig und Lindenau modernisiert.

Und doch gibt es hier noch jede Menge schöne Altbauten. Entlang des 3,3 Kilometer langen Karl-Heine-Kanals gelangt man, an Brücken und Booten vorbei, von einer Ecke zur anderen. Dabei empfehlen sich Zwischenstopps an Kunststätten wie der Spinnerei oder den kleinen Läden und Cafés der Karl-Heine-Straße.

WESTEN

STILL HUNGRY
CARA

MARIA

MEY &

TACO

AKKO EINE BESONDERE MISCHUNG

Akko liegt im Norden von Israel an der Grenze zum Libanon – und seit 2016 auch im Leipziger Stadtteil Plagwitz. Der Betreiber Eldar Fano hat die Bar nach seiner Heimatstadt benannt, in der es neben Drinks auch vorzüglichen Hummus gibt. Er selbst kam mit 24 Jahren aus Israel nach Leipzig, wo er heute tätowiert, musiziert und den Geschmack seiner Heimat serviert. Auf der Karte stehen Fenchelsalat, Hummus-Teller und Pitabrot neben Thüringer Pilsbier. Eine Mischung, die sich nicht nur wunderbar verträgt, sondern auch symbolisch für den kulturellen Austausch steht, den Eldar wie viele andere gerne noch mehr in Leipzig sehen würde.

AKKO Walter-Heinze-Straße 3 04229 Leipzig

Ein häufig benutztes Wort in Leipzig lautet „Freisitz". Es steht für einen Gebäudeanteil oder eine Anlage am Haus, durch die man sich außerhalb der geschlossenen Räume aufhalten kann. Genau in dieser Art Biergarten, der zum Akko gehört, saß Harriet mit Eldar. Sie sprachen über die Geschichte seiner Hummusbar, Musik und darüber, wie wichtig es ist, sich in Leipzig auch dem zu öffnen, was außerhalb der ostdeutschen Lebenswelt passiert.

Welche Mission hattest du, als du das Akko gegründet hast?

E: Ursprünglich wollte ich eine Bar aufmachen und erst einmal schauen, wie das so läuft. Die Idee, etwas zu Essen anzubieten, kam mir erst im Laufe der Zeit. Dass es dann Hummus wurde, war auch eher spontan.

Spontanes Hummus?

E: Ich bin nicht nur Betreiber, sondern auch der Koch im Akko, habe den Beruf aber nicht gelernt, sondern mir alles durch viel Herumprobieren selbst beigebracht. Das klingt vielleicht etwas arrogant, aber für mich persönlich gab es hier in Leipzig einfach kein gutes Hummus. Was Essen angeht, bin ich ein Freak. Gutes Essen macht mich extrem glücklich und richtig gutes Hummus bekam ich davor nur in den Hummus-Restaurants Israels. Ich wollte also aus purer Eigenmotivation Hummus nach Leipzig bringen. Das war quasi ein Traum von mir, den ich mir in der Bar erfüllt habe: Immer Zugang zu Hummus zu haben, auch wenn ich nicht in Israel bin.

Wie ist darüber hinaus deine Verbindung zu Israel?

E: Ich bin Israeli. Das Lokal ist nach meiner Heimatstadt benannt. Akko ist eine kleine Küstenstadt im Norden von Israel, nahe der Grenze zum Libanon.

Neben Hummus scheint es noch einen anderen Schwerpunkt im Akko zu geben: die Musik. Wenn man bei euch trinkt oder isst, schallen die unterschiedlichsten Klänge durch die Räume.

E: Das stimmt. Abends gibt es Getränke und Musik. Jeder, der bei uns arbeitet, ist dann auch DJ. Wenn ich arbeite, mache ich momentan sehr gerne feministischen Trap an. Ansonsten läuft auch viel psychedelischer Rock oder Elektronisches, das kommt ganz darauf an, wer gerade arbeitet. Ich selbst war lange Musiker und bin es auch heute noch. Meine Musikrichtung nennt sich Drone, eine sphärische Musik mit Synthesizer und ganz vielen Geräuschen. Man könnte sie auch als Kopfmusik bezeichnen. Daneben spiele ich noch in einer Postpunk-Band mit heavy Instrumenten – alle gehen ab. Generell finde ich die Leipziger Club- und Musikszene extrem spannend, mit Orten wie dem Connie Island in Connewitz.

Eldar Fano

> „WÄRE LEIPZIG BUNTER, DANN GÄBE ES HIER AUCH MEHR GUTES ESSEN."

Habt ihr bei der Gestaltung der Räume ein bestimmtes Konzept verfolgt?

E: Die Bar ist voll von Dingen, die Freund*innen dagelassen haben. Also von Künstler*innen, Fotograf*innen und Musikschaffenden aus der ganzen Welt. Ein Kumpel aus Australien hat zum Beispiel das Bild im Dreiecksrahmen mitgebracht. Ein anderer aus Mexiko hat uns extra von dort etwas nach Leipzig geschickt. Es ist schon sehr international bei uns – die Kunst, die Musik, das Essen. Mir ist sehr wichtig, dass der Vibe hier international ist.

Was bedeutet die Internationalität für dich?

E: Ich finde, es sollte überall so sein. Man sollte einfach offen für alle Menschen sein. Bei uns im Akko sind alle willkommen, außer Nazis natürlich. Aber alle anderen sind hier echt willkommen: egal welche Herkunft, Hautfarbe oder Nationalität. Ich finde es auch wichtig, dass Gäste, die zunächst vielleicht eine komische oder kontroverse Meinung haben, hier etwas kennenlernen, das ihren Horizont erweitert und sie zu offeneren Menschen macht.

Hattet ihr im Akko mal Probleme mit Rassismus?

E: Ja, leider.

Dabei ist Leipzig doch eine sehr junge und offene Stadt.

E: Ja, das stimmt schon, aber es gibt

Original

fritz-kola
israelische
Schokoladen
Rogalach
2,60

hier einfach noch immer sehr wenige Menschen mit unterschiedlichen kulturellen Backgrounds. Gerade im Vergleich zu anderen deutschen Großstädten wie München, Frankfurt oder Berlin. Viele Menschen in Leipzig sind eher verschlossen und haben Angst. Vielleicht haben sie Furcht vor dem Unbekannten. Das gilt aber ganz eindeutig nicht für alle: Viele Leipziger*innen sind sehr offen und haben Freude an internationalen Projekten. Aber die sind eben nicht die Mehrheit. Das ist definitiv ein Thema hier in der Stadt – und in Sachsen generell. Wäre Leipzig bunter, dann gäbe es hier auch mehr gutes Essen. Durch mehr verschiedenen Kulturen wäre ein breiteres Angebot da.

Was ist deiner Meinung nach neben der internationalen, lockeren Atmosphäre und Küche das Besondere am Akko?

E: Der Gebäudekomplex, in dem die Bar ist, war früher das Kaufhaus Joske, das erste Kaufhaus im Leipziger Westen. Es wurde bis in die 1930er-Jahre von einer jüdischen Familie betrieben, die dann von den Nationalsozialisten vertrieben und teilweise nach Auschwitz deportiert wurde. Der verbliebene Teil der Familie lebt heute in der ganzen Welt verteilt. Einmal im Jahr aber kommen sie bei uns im Akko zusammen und essen Hummus.

Danke für deine Zeit!

SAMSTAGSMARKT DAS WOCHENENDE KULINARISCH INSPIRIERT BEGINNEN

Selbstgebackene Teilchen, Knollengemüse vom Familiengut aus der Region und frischer Karpfen aus nachhaltiger Teichwirtschaft: Auf dem Samstagsmarkt in Leipzig wird glücklich, wer Lebensmittel mit kurzen Wegen und von charmanten Produzent*innen sucht. Der Markt mit einem wechselnden Angebot an lokalen Manufakturen findet (wenig überraschend) einmal die Woche in der Plagwitzer Markthalle im Leipziger Westen statt. Besucher*innen erkennen das Gebäude schon von Weitem an seiner farbigen Außenfassade, die glatt in Yves Kleins *Blue Monochrome* gebadet haben könnte. Direkt neben dem Markt lagert und verkauft die Firma Egenberger ihre Lipz: Fruchtschorlen mit regionalem Obst wie Johannisbeeren und Rhabarber.

20

SAMSTAGSMARKT Markranstädter Straße 8 04229 Leipzig

ANNALINDE Lützner Straße 108 04177 Leipzig
*(nur bei Veranstaltungen offen für Besucher*innen)*

ANNALINDE LANDWIRTSCHAFT IN DER GROSSSTADT

In einer Handvoll Kompost leben mehr Lebewesen, als es Menschen auf der Welt gibt. Die deutsche Salatgurken-Saison dauert von Juli bis September und Rosenkohl wächst an der Stange. Wie viel wissen wir eigentlich über das Obst und Gemüse, das tagtäglich auf unseren Tellern landet? Wir sind es gewohnt, alle Sorten zu jeder Jahreszeit in den Supermarktregalen unserer Stadt zu finden, essen Bananen aus Ecuador und Mangos aus Myanmar. Dabei gedeihen köstliche Früchte und Wurzeln auch direkt vor unserer Nase. 1880 gab es im Leipziger Stadtteil Lindenau 36 Gärtnereien. Die Annalinde ist die einzige von ihnen, die übrig blieb. Dahinter verbirgt sich, nach einer Übernahme durch neue Betreiber, ein urbanes Landwirtschaftsprojekt mit sozialen Lernräumen. Und nicht nur das: Das Gemüse aus der Gärtnerei kommt auch in den Küchen lokaler Restaurants zum Einsatz. Drei von ihnen widmen wir uns in diesem Buch: der Dankbar, dem Kuultivo und dem Pekar. Zwei offene Gemeinschaftsgärten zählen ebenfalls zur Annalinde. Und auch ein Bienenvolk ist auf der Annalinde ansässig. Auf dem Gelände der Gärtnerei züchtete die Projektgruppe Pilzköpfe außerdem einst Austernpilze in einem kleinen Zelt.

Philipp ist Gartenbauingenieur und Projektleiter der Annalinde. Er kennt sich aus im Gemüseanbau, aber auch bei Thematiken wie den Auswirkungen von politischen Systemen oder historischen Katastrophen auf die Landwirtschaft. Autorin Harriet war einen halben Tag Praktikantin bei Philipp. Gemeinsam haben sie frisch geerntete Zucchini, Tomaten und Kräuter auf das Lastenfahrrad gepackt, um entlang des Karl-Heine-Kanals zum Kuultivo zu radeln. Nach der Gemüseauslieferung unterhielten sie sich bei einer Tasse Kaffee.

Philipp Scharf

Was genau macht die Annalinde?

P: Wir sind Anfang 2011 als temporäres Brachflächenzwischennutzungsprojekt gestartet – damals allerdings noch unter einem anderen Namen. Später kamen die Gärtnerei, ein Obstgarten, ein mobiler Pizzaofen und eine weitere Gärtnerei im Osten dazu. Unser Hauptangebot beläuft sich heute auf die Auslieferung saisonaler Gemüsekisten, mit denen wir diverse Haushalte versorgen. Außerdem liefern wir an den Gastrobetrieb. Von Mitte April bis Mitte Mai veranstalten wir jedes Jahr unseren Jungpflanzenverkauf „Prinz Charles". Der ist legendär und extrem wichtig für uns. Wir verkau-

„UNSER GARTEN SOLL ALS ORT FUNGIEREN, AN DEM KULINARIK, BOTANIK UND HANDWERK ZUSAMMENTREFFEN.“

fen dort Gemüsejungpflanzen von Artischocken bis Zucchini und Zierpflanzen für Küche und Balkon.

Ihr verfolgt aber auch einen gewissen Bildungsanspruch mit eurer Arbeit…

P: Unser Garten soll als Ort fungieren, an dem Kulinarik, Botanik und Handwerk zusammentreffen. Ein offener Ort für kulturelle und kulinarische Veranstaltungen im Rahmen sozialer Arbeit. Wir bieten zum Beispiel auch Praktika für Jugendliche an oder veranstalten Projekte mit Kindertagesstätten. Die Annalinde soll Konsumveränderung und ein Bewusstsein für regionales Essen herbeiführen, denn Kinder sind schon früh die Entscheider beim Einkauf im Supermarkt. Es ist doch eigentlich merkwürdig, dass wir in Deutschland im Sommer lieber Äpfel aus Chile her karren, statt Pastinaken aus dem Boden der Gärtnerei nebenan zu ziehen.

Wie kann urbane Landwirtschaft sozial sein?

P: Sozial wird die Arbeit dann, wenn wir aktive Projekt- und Bildungsarbeit betreiben. Wir sind ein staatlich anerkannter Ausbildungsbetrieb für Gärtner*innen und haben regelmäßig Schulklassen in unseren Gärtnereien zu Besuch. Praktikant*innen aus Werkstätten für Menschen mit Behinderung durften wir auch schon öfter begrüßen. Bei unserem Projekt „Interkultureller Garten“ arbeiten wir mit Geflüchteten zusammen und beim Projekt „Soul Food Farmers“ geht es darum, Kindern und Jugendlichen gesunde Ernährung

spielerisch näherzubringen.

Euer Name klingt, als würde sich dahinter eine Geschichte verbergen?

P: Um es gleich vorwegzunehmen: Eine Anna hatten wir damals nicht im Team. Damals suchten wir nach einem Namen, der nicht direkt nach Gartenprojekt klingt, um uns nicht zu sehr einzugrenzen. Wir wollten, ähnlich wie beim Jungpflanzenverkauf „Prinz Charles", eine künstliche Personifizierung herbeiführen. Und so brainstormten wir: Leipzigs Namensgeber war die Linde, genauer gesagt die Dorflinde. Also ein traditioneller Treffpunkt. Der angrenzende Stadtteil zu unserer Projektfläche ist ebenfalls nach dem Baum benannt: Lindenau. „An der Linde" ergab kurz gesagt: Annalinde.

Das Gründerteam der Annalinde besteht aus einem Medienpädagogen, einem Sozialpädagogen und dir, dem Gartenbauingenieur. Wie konntet ihr in der Anfangszeit von dieser Dreierkonstellation profitieren?

P: Für unsere Art der Unternehmung war diese fachliche Dreierkonstellation der perfekte Mix. Zudem verband uns alle der Hang zu Handwerk, Kulinarik und Kultur. Die gegenseitige Unterstützung, beginnende fachliche Kompetenz und somit klare Aufgabenverteilung waren ein starker Antrieb. Jakob Ottilinger, gelernter Medienpädagoge, hat es geschafft, das Interesse der Öffentlichkeit zu wecken. Dominik Renner, gelernter Sozialpädagoge, verstand wiederum von Anfang an, wie Fördermittellandschaften aussehen und wie man Projekte erfolgreich durchführt, abrechnet und vor allem weiterdenkt. Mein Studium trug zur klareren gärtnerischen und gemüsebaulichen Ausrichtung bei. Ohne die wären wir den Schritt zu einer Gärtnereiübernahme wohl kaum gegangen.

Was war dein persönlicher Weg in den Garten? Was hat dich zu urbaner Landwirtschaft motiviert?

P: Als Kind war ich immer begeistert vom Kleingarten meiner Großeltern in Zwickau. Ich hatte keinen geradlinigen Bildungsweg und bin zwar durch eine Faszination, aber auch viele Zufälle beim Gartenbau gelandet. Ganz einfach ausgedrückt betreibe ich heute ökologische urbane Landwirtschaft aus Lebensstil-Gründen und gutem Gewis-

di donna

sen. Ich könnte aufs Land ziehen und die ganze Stadt mit meinen Fleischtomaten zuballern – mach ich aber nicht, denn ich will in der Stadt leben.

Gibt es so etwas wie einen typischen Arbeitsalltag für dich?

P: Nein, denn ich lebe mit den Jahreszeiten. Natürlich beginnt mein Arbeitsalltag in der Gärtnerei. Der Startzeitpunkt verschiebt sich hier jedoch in der dunklen Jahreszeit nach hinten. Im Hochsommer kann es vorkommen, dass ich schon vor Sonnenaufgang da bin, damit wir alle Aufgaben gemeinsam schaffen. Grob umrissen kann man sagen: Von Frühjahr bis Herbst erledige ich praktische organisatorische Arbeiten. Im Spätherbst und Winter überwiegen planerische und strukturelle Aufgaben.

Bei der Verteilung eurer Ernteerträge hilft es, dass ihr feste Abnehmer*innen habt. Was macht eure Zusammenarbeit mit den Leipziger Gastronom*innen besonders?

P: Dass wir jede Woche planungssicher unsere Ernte in unseren Gemüsekisten vermarkten können, ist natürlich genial. Die Kündigungsquote ist gering und die Warteliste lang. Und wir haben die volle gestalterische Freiheit. Die Arbeit mit den Gastronom*innen schätze ich deswegen so sehr, weil es überhaupt keine Selbstverständlichkeit ist, als

Küchenchef den Schritt zu gehen und regional einzukaufen. Unser Gemüse erfährt dadurch noch einmal besondere Wertschätzung. Es ist so ein starkes Gefühl, das eigene Gemüse, Eiskraut, Erbsensprossen, Hirschhornwegerich oder essbare Blüten als Delikatesse auf den Punkt verarbeitet im Rampenlicht zu sehen!

Annalinde ist eine Gärtnerei mitten in der Stadt. So etwas sucht man andernorts vergeblich.

P: Hier spielt die geschichtliche und städtebauliche Struktur Leipzigs mit rein. Die Gärtnerei selbst gibt es bereits seit 1880. Besonders an Leipzig ist, dass während der DDR diese Brachflächen der alten Gärtnereien nicht umgenutzt wurden. Die Stadt ist nach dem Zweiten Weltkrieg immer weiter geschrumpft. Erst in den 2000er-Jahren ging es wieder bergauf mit den Einwohnerzahlen. Dadurch entwickeln sich nach und nach immer mehr Dinge.

Welche Ideen hast du für die Zukunft der Annalinde?

P: Ich möchte weiterhin Gärtner*innen ausbilden. Und wenn wir es dann noch schaffen, in den nächsten ein oder zwei Jahren einen weiteren Gärtner oder eine Gärtnerin anzustellen, wäre das der Wahnsinn.

Danke – auch für das Mitnehmen zum Kuultivo!

KUULTIVO KULINARISCHES AUSTOBEN

Wir bleiben im Leipziger Westen: Der Name des im Frühjahr 2020 eröffneten Lokals setzt sich aus den Worten Kultur und coltivo zusammen. Letzteres bedeutet auf Italienisch so viel wie „Ich baue an, lasse wachsen". Betreiber und Chefkoch Alessandro Porcelli versteht das Kuultivo als Foodspace-Konzept. Er möchte, dass kulinarisch begeisterte Menschen hier zusammenkommen, gemeinsam experimentieren und natürlich essen und trinken. Alessandro stammt aus Triest im Norden von Italien, verbrachte die letzten Jahre jedoch in Kanada, Australien und Kopenhagen, wo er lange die Kommunikation für das weltbekannte Sternerestaurant Noma leitete. Jetzt, im Alter von 57, hat er sich entschieden, zurück in die Küche zu gehen – weg von der Hochglanzwelt, in der Chefköche Zwanzig-Gänge-Menüs kochen und Harvardvorlesungen halten.

(22)

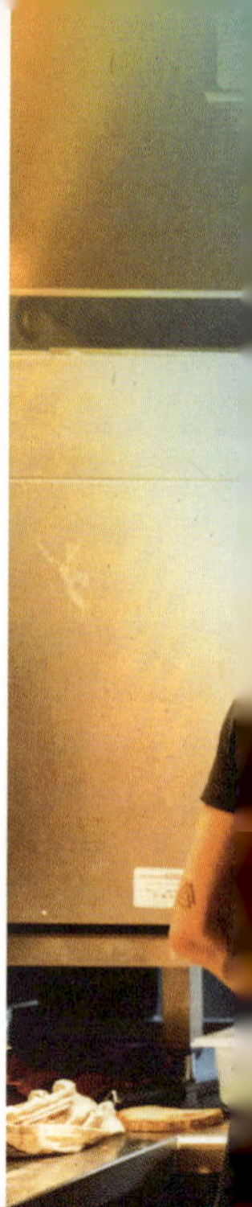

FRISCHE PASTA PER FAVORE!

Das Kuultivo ist das zweite Restaurant, das Alessandro in seinem Leben eröffnete. Er möchte hier nicht nur kochen, sondern das Konzept Restaurant und dessen Platz in einer Gemeinschaft hinterfragen. Das Kuultivo-Team serviert erlesene Weine und leckere Gerichte aus regionalen und saisonalen Zutaten. Im Mittelpunkt steht dabei die Pasta. Alessandro lässt es sich nicht nehmen, den Teig selbst herzustellen und durch die Nudelmaschine zu leiern. Die restlichen Zutaten für die Speisen bekommt das Kuultivo von Landwirten und kleinen Manufakturen aus der Umgebung, wie der Gärtnerei Annalinde (S. 128).

BEWUSST GESTALTET BIS ZUM KAFFEE

Die Räumlichkeiten des Kuultivo bestehen aus einem Innenraum mit etwa 20 Sitzplätzen in angenehm gemütlicher Atmosphäre. Bei gutem Wetter lädt eine Terrasse an der Brockhausstraße zum Verweilen ein. Vom Bordstein aus lässt sich das konzentrierte Treiben in der Küche durch die offenstehenden Fenster beobachten. Neben Speisen und Wein wird im Kuultivo auch Wert auf guten Kaffee gelegt. Die Baristi des Restaurants arbeiten dafür mit Kaffee aus der Mikrorösterei Nano Kaffee aus Berlin, mit der das Kuultivo eine Zusammenarbeit pflegt.

KUULTIVO Könneritzstraße 24 04229 Leipzig

PEKAR Odermannstraße 11 04177 Leipzig

PEKAR PIZZA MIT EIGENEM DREH

Bis Jakob Ottilinger „die Pizza dazwischen kam" war er als Mitbegründer der Annalinde aktiv. Nach einiger Zeit am mobilen Pizzaofen eröffnete er dann, gemeinsam mit Manuel Rademacher, im September 2016 das Restaurant Pekar. Je nach Jahres- und Erntezeit experimentieren Jakob und sein Team gerne auch mit ungewöhnlicheren Pizzabelägen und Vorspeisenzutaten wie Rosenkohl oder Mangold. Hin und wieder entstehen dabei völlig neue Kreationen, die an tapasartige Gerichte erinnern. Das Mehl für den Pizzateig stammt aus einer Mühle in Leipzig. Die Innenräume wurden mit viel Hingabe und Handarbeit gestaltet. Dabei half der Hamburger Tischler und Produktdesigner Till Richter. Trotz aller Liebe zum Detail ist dem Team des Pekar wichtig, nicht als reiner „Szeneladen" gesehen zu werden. Ein Besuch Richtung Tagesende zeigt: Hier kehren über den Abend hinweg alle ein – von jungen Familien über Künstlertypen bis zu älteren Menschen aus dem Kiez.

B
<GALERIE-ATELIERS
<KANTINE
<WC

ROCKY MARIA KANTINE IM KREATIVAREAL

Auf dem Gelände eines alten Tapetenwerks entstand vor einigen Jahren ein Areal, auf dem zahlreiche Vertreter*innen der Kreativindustrie heute ihre Werkstätten und Ateliers betreiben. So unterschiedlich die verschiedenen Tätigkeiten auf dem Gelände auch sein mögen, eines müssen sie alle irgendwann: essen!

Hierfür bietet sich die Kantine Rocky Maria an, die direkt in einem der Kontorhäuser der ehemaligen Gründerzeitfabrik liegt. Wer bei dem Wort Kantine an lieblose Massenabfertigung und Kartoffelbrei aus der Tüte denkt, wird im Rocky Maria eines Besseren belehrt: Die Gerichte werden alle täglich frisch zubereitet und strotzen nur so vor bunt gemischten gesunden Zutaten. Und das Beste: Die Kantine bietet nicht nur Mittagessen für die Arbeiter*innen der kreativen Produktionsstätten, sondern auch für die Öffentlichkeit.

(24)

Rocky Maria
KANTINE CATERING
IM GLAS
Tagesgericht
vegetarisch 7,-
klein 5,-
mit Fleisch 10,-
klein 7,-
Salatteller 4,-
Suppe 4,-
Nachtisch 1,50
Pasta Friday
vegetarisch 7,-
bolognese 8,50
Espresso 1,-
alle Speisen
auch zum Mitnehmen
Pfand pro Glas 2,-
Getränke
Limonade 2,-
Saft / Schorle 1,50
groß 2,50
Espresso 1,50
doppio 2,-
Americano 2,-
Cappuccino 2,80
Cappuccino
mit Hafermilch 2,80

GAGGIA

R

RELIKTE AUS FRÜHEREN FABRIKZEITEN

Auf der Karte stehen saisonale Gerichte wie Kartoffel-Kürbis-Gratin oder gefüllte Paprikaschote mit Minzjoghurt. Jeden Freitag gibt es Pasta. Der große Kantinenraum überzeugt durch geschmackvolle Schlichtheit. Ein Hingucker ist die freigelegte grüne Pflanzentapete, die noch aus den Zeiten stammt, als hier die Fabrikarbeiter*innen ihr Mittagessen einnahmen.

ROCKY MARIA Lützner Strasse 91 04177 Leipzig

HOSTEL & GARTEN EDEN IN FARBE

Im Eden im Stadtteil Lindenau kann man nicht nur übernachten, sondern auch feiern, zum Beispiel die eigene Hochzeit. Es ist Hostel, Garten, Veranstaltungs- und irgendwie auch Kunststätte in einem. Im verwunschenen Garten, wo im Sommer ein Freisitz aufgebaut ist, können Reisende neben echten Leipziger*innen sitzen und noch den ein oder anderen Geheimtipp abstauben. Zum Schlafen locken die von verschiedenen lokalen Künstler*innen gestalteten Zimmer des Hostels. Ob Einzel- oder Mehrbettzimmer – jeder Raum hat ein Motto, keines gleicht dem anderen. So bettet man sich auf japanisch anmutenden Steinplatten oder schiffsähnlichen Kojen, voll Vorfreude auf die Entdeckungstouren des nächsten Tages.

25

HOSTEL & GARTEN EDEN Demmeringstraße 57 04177 Leipzig

„AUS DER NOT UND DER LÜCKE WURDE DIE IDEE GE

Gabriela Jonas
Jule Zumpe
Thea Hummel

Autorin Harriet traf drei der vier Eden-Gründerinnen: Gabriela, Jule und Thea. Sie sprachen an einem sonnigen Morgen bei Tee – umringt von Wildblumen und Hostelhund Taxi.

Wie seid ihr auf die Idee gekommen, ein Hostel zu gründen?

J: Die Idee kam Gabriela und mir, als wir 2014 in Hamburg wohnten und die Sehnsucht nach Leipzig immer größer wurde. Dort hatten wir vorher gewohnt, jedoch leider mit kaum beruflichen Perspektiven. In Hamburg hatten wir beide Theaterwissenschaft studiert und dann dort in der Kultur- und Fernsehbranche gearbeitet.

G: Aus der Ferne fiel uns zusammen mit unserer Freundin Eva auf, dass es in unseren Lieblingsstadtteilen Lindenau und Plagwitz noch kein Hostel gab. Aus der Not und der Lücke wurde die Idee geboren, ein Hostel im Leipziger Westen zu öffnen. Schnell war auch klar, dass wir für unser Vorhaben noch Thea und ihr bauliches Geschick brauchten. Zum Glück war sie auch sofort von der Idee begeistert.

Das Hostel befindet sich in einem Original DDR-Flachbau, der in den 50er-Jahren als Lehrlingswohnheim gebaut worden war. Wie seid ihr hier gelandet?

J: Wir hatten extrem viel Glück. Das Gebäude stand bereits seit 20 Jahren

leer. An der Fassade hing damals ein großes Banner eines Vereins, der auf Leerstände in Leipzig aufmerksam macht. Über die sind wir an die Räumlichkeiten gekommen und haben dann alles komplett selbst renoviert und mit Hilfe von befreundeten Künstler*innen gestalten lassen. Heute teilen sich drei Mietparteien das Gebäude. Außer uns

„WARUM SOLLTE KUNST UMSONST SEIN?“

gibt es hier einen Co-Working-Space und die Catering-Küche der Vleischerei. Mit ihnen zusammen betreiben wir auch unseren Biergarten.

Die Zimmer eures Hostels wurden von lokalen Künstler*innen komplett frei gestaltet. Woher kanntet ihr die Künstler*innen?

G: Das hat sich ganz organisch entwickelt. Erst waren es Freund*innen, dann Bekannte und schließlich diverse lokale Künstler*innen, die von unserem Vorhaben gehört hatten. Wir haben ihnen die komplette gestalterische Freiheit überlassen und lediglich vorgegeben, wie viele Betten darin im Endeffekt stehen sollen.

Den Rest des Hostels habt ihr komplett selbst renoviert und eingerichtet... Was hat es mit der Markise an der Rezeption auf sich?

T: Jule hat bei Ebay-Kleinanzeigen ein Hotel in Böhlitz-Ehrenberg ausfindig gemacht, das aufgelöst wurde. Dort wurde diese rosa Markise verkauft. Wir sind direkt hingefahren und haben die Besitzer krass runtergehandelt. Seitdem hängt sie hier am Eingang und ist eines unserer Lieblingsstücke.

Wie habt ihr die Renovierung und Neugestaltung finanziert?

G: Da unsere Helfer*innen und Künstler*innen anfangs alles unsere Freund*innen waren, konnten wir erst einmal gut sparen. Erst war die Freude groß, doch dann fanden wir es bescheuert, niemanden zu bezahlen. Denn warum sollte Kunst umsonst sein? Leider war unser Finanzplan eng, also haben wir ein Crowdfunding gestartet, um unser Budget für den Ausbau aufzustocken und davon die Künstler*innen zu bezahlen. Alle, die beim Crowdfunding gespendet hatten, durften übrigens ein Bild von sich, ihren Haustieren oder wem auch immer einschicken. Das wurde dann an unserer „Wall of Fame" im Aufenthaltsraum aufgehängt.

Die Zimmer eures Hostels tragen Namen wie The Void, Platte West oder La Famiglia. Habt ihr einen Lieblingsraum?

G: So ein richtiges Lieblingszimmer haben wir alle nicht – die sind einfach alle megaschön. Aber wenn es ums Putzen geht, dann gibt es definitiv Favoriten.

Also gehört Zimmerputzen genauso zu eurem Alltag wie das Begrüßen der Gäste an der Rezeption?

J: Ja. Ich mag diese Abwechslung und beim Putzen hat man wenigstens was Körperliches zu tun! Außerdem behält man den Überblick über alle Räume. Grundsätzlich macht jede von uns alles im täglichen Betrieb. Bei dem, was drumherum passiert, also Buchhaltung, Erneuerungen etc., gibt es Schwerpunkte. Wenn ich eine Idee habe, dann schaut Thea, ob wir sie umsetzen können und Gabriela fragt, ob wir uns das leisten können. Wir haben unterschiedliche Perspektiven und Herangehensweisen, aber teilen das gleiche Ziel.

Der Name eures Hostels legt natürlich Parallelen zu Adam und Evas biblischem Garten nahe. Gibt es eine Geschichte dazu, warum euer Projekt Eden heißt?

G: Nicht wirklich. Aber es gab mal den Gag, das Hostel Toast Hawaii zu nennen. Am Anfang war unser Garten auch gar nicht so paradiesisch, sondern eine unbegehbare Fläche aus Brombeeren und Essigbäumen. Da mussten wir erst mal mit dem Bagger anrücken und den kompletten Boden umwälzen. Anschließend ging es ans Beeteanlegen, Rasensäen und Bäumchenpflanzen. Seitdem sind wir eigentlich kontinuierlich dabei, unseren Garten schöner zu gestalten.

T: Wir haben immer mal wieder probiert, Gemüse zu pflanzen, aber das ist gescheitert. Wobei – Tomaten sind da.

Was sind eure täglichen Challenges beim Betreiben des Edens?

J: Es gibt hier in Leipzig echt viele Hostels, gerade im Zentrum. Man muss die Leute erst mal zu uns in den Westen bekommen.

T: Außerdem ist uns die Stimmung im Hostel sehr wichtig. Deshalb mussten wir auch schon Gäste rausschmeißen, wenn sie sich total daneben benommen haben.

Was gefällt euch an der Arbeit in eurem Hostel am besten?

J: Wir haben hier Kontakt zu den verschiedensten Menschen. Die älteste Besucherin war 93 Jahre alt und kam für einen Urlaub mit ihrer Tochter, das war total süß.

T: Außerdem gibt es einige Stammgäste, die jedes Jahr wiederkommen – in den Ferien mit den Familien oder zum Beispiel zur Buchmesse, die jährlich in Leipzig stattfindet.

J: Vor Corona hatten wir mit jedem Jahr mehr Besucher*innen. Irgendwann ist noch der Biergarten dazu gekommen, den wir seit diesem Jahr selbst betreiben. Aber egal, was sich hier tut – unsere Bettenzahl bleibt gleich.

Danke für den Einblick ins Hostelleben!

„WIR HABEN UNTERSCHIEDLICHE PERSPEKTIVEN UND HERANGEHENSWEISEN, ABER TEILEN DAS GLEICHE ZIEL."

SPINNEREI AUF SCHWERE INDUSTRIE FOLGT ZENTRUM FÜR FREIE KUNST

Das inoffizielle Herz der Kreativszene Leipzigs schlägt, weit vom Stadtzentrum entfernt, auf zehn Hektar Fabrikfläche eines Denkmals deutscher Industriekultur. In den roten Ziegelbauten Europas ehemals größter Baumwollspinnerei schufteten früher rund 4.000 vorwiegend weibliche Arbeiterinnen mit Garn und Spindeln in Dampf-, Staub- und Geräuschkulisse. Heute sitzt hier die Neue Leipziger Schule um den Künstler Neo Rauch sowie das unabhängige Kunstzentrum HALLE 14 (Tipp: aktuellen Ausstellungsplan checken). Drumherum finden sich etwa 120 Künstler*innen, Maler*innen, Bildhauer*innen, Fotograf*innen, Installationskünstler*innen und Schmuckdesigner*innen. In den ansässigen Galerien werden Bilder ausgestellt, die von einigen Hundert bis hin zu 10.000 Euro kosten können. Da überrascht es kaum, dass zu besonderen Werkschauen auf dem Flughafen Leipzig/Halle meist jeder Privatjetparkplatz besetzt ist.

(26)

HAL
LE 14
ZENTRUM FÜR
ZEITGENÖSSISCHE
KUNST
CENTRE FOR CONTEMPORARY ART LEIPZIG
KUNST
(RE_PUBLIC)
HEUTE:
normal: ٤€
ermäßigt: ٢€

IVANA MÜLLER
FORCES OF NATURE

ATELIERS, GALERIEN, BEGEGNUNGSRÄUME

Die Geschichte der harten Fabrikarbeit, die jedem Raum, jedem Pflasterstein und jeder verschlissenen Bahnschiene anzusehen ist, steht im Kontrast zum kreativen Potenzial neuer Kunstschöpfung, die diesen Ort so besonders macht. Zu Veranstaltungen wie dem großen Frühjahrsrundgang öffnen die Ateliers und Galerien ihre Türen für die Masse, die dicht aneinandergedrängt durch das Gelände wabert, um Künstler*innen und Kunstwerken einmal ganz nah zu sein.

SPINNEREI Spinnereistraße 7 04179 Leipzig

Seien es die auf Fahnenstoff gedruckten analogen Schwarz-Weiß-Aufnahmen der Fotografin Carina Brandes, die unter einem frei stehenden Dach wehen oder die Malereien von Michael Triegel, der einst sogar den Papst im Auftrag des Bistums Regensburg porträtierte – auf dem Fabrikgelände entstehen täglich neue Dinge. Einige Meter entfernt von der Spinnerei zieht ein architektonisches Kunstobjekt Besucher*innen an: eine riesengroße Kugel, eingelassen in die Backsteinmauer eines Maschinenbauunternehmens. Der Entwurf dafür stammt von keinem geringeren als dem weltberühmten brasilianischen Architekten Oscar Niemeyer.

KULKWITZER SEE EINFACH MAL ABTAUCHEN

Die Leipziger*innen scheinen eine Vorliebe dafür zu haben, die Namen ihrer Lieblingsbadeorte so abzukürzen, dass sie eher klingen wie der coole Klassenkamerad aus der 7C als ein Naherholungsgebiet. Aus dem Kulkwitzer See wird der „Kulki" (nicht zu verwechseln mit seinem großen Bruder Cossi, den wir auf S. 110 vorstellen). Der Kulki liegt im Südwesten Leipzigs. Er besticht durch seine üppig grüne Umgebung und astreine Wasserqualität. Das kristallklare Wasser macht ihn vor allem bei Taucher*innen beliebt: Im See befindet sich nämlich die Tauchbasis des heimischen Tauchsportvereins, den Leipziger Delphinen. Ihre Unterwasserplattformen und versunkenen Tauchobjekte ziehen neugierige Wassernixen aus aller Welt an.

GRÜNE BÖSCHUNGEN AN KRISTALLKLAREM

EIN AUSFLUG NACH GRÜNAU ZUM KULKWITZER SEE WURDE HARRIET VOM TEAM DES HOSTEL EDENS (S. 150) EMPFOHLEN.

Manch eine*r wird sich vielleicht über die am Kulki mit Stolz zelebrierte Freikörperkultur am eigens dafür vorgesehenen Abschnitt wundern. Wer länger vor Ort ist, lernt aber, worum es dabei wirklich geht. Es geht darum, nackte Körper zu akzeptieren, ganz ohne Schamgefühl. Abgesehen davon ist am Kulki meist sowieso genügend Platz, um sich sein ganz eigenes verstecktes Eckchen zu suchen. Dass es am See selten zu voll wird, könnte an seiner Entfernung zum Leipziger Stadtkern liegen. Von dort bis zur Großwohnsiedlung Grünau, in dessen unmittelbarer Nähe sich der Kulki befindet, sind es etwa 40 Minuten mit dem Rad.

KULKWITZER SEE Seestraße 3 04207 Leipzig

GUT ZU WISSEN

UNTERKOMMEN

Dass Leipzig eine Stadt der Kunst und Kultur ist, zeigt sich bis in ihre Schlafstätten. So gibt es preiswerte Zimmerunikate im Eden (S. 150), sogenannte Meisterzimmer auf dem Künstlerquartier der alten Spinnerei und die von Künster*innen gestalteten Hotelappartements der GfZK. Wofür man sich auch entscheidet – inspirierende Träume sind garantiert!

FAKTEN

Das Leipziger Bevölkerungswachstum nach der Wende: Nach dem Fall der Berliner Mauer und dem daraus resultierenden Ende der DDR im Jahr 1990 fielen die Einwohnerzahlen Leipzigs rapide ab. Erst seit 2002 kommen wieder stetig mehr Menschen in die Stadt. Bei einer Zählung im Dezember 2019 hatte Leipzig etwa 590.000 Einwohner*innen, circa zwanzig Prozent mehr als noch 2002.

SPRACHSCHATZ

Das vielleicht wichtigste Wort, das speziell in der sächsischen Metropole gebraucht wird, lautet **Freisitz**. Was es damit auf sich hat, klären wir bereits auf S. 120. Ansonsten herrscht ein Faible für Abkürzung, der nach den Seen **Cossi** und **Kulki** keinen Abbruch nimmt: Als **Völki** wird das imposante Völkerschlachtdenkmal bezeichnet und **KarLi** steht für die belebte Karl-Liebknecht-Straße im Süden. Gleich mehrere (wenn auch weniger niedliche) Spitznamen trägt das City-Hochhaus am Augustusplatz: Das zweithöchste Hochhaus in Ostdeutschland (142 Meter) wird auch Uni-Riese, MDR-Hochhaus oder Weisheitszahn genannt.

NOCH MEHR LEIPZIG

Hallo Leipzig ist eine subjektive Momentaufnahme. Wer sich darüber hinaus mit dem Stadtgeschehen beschäftigen will, dem seien (ohne Vollständigkeitsanspruch!) folgende Publikationen ans Herz gelegt: Der ***Kreuzer*** hat es sich seit 1991 zur Aufgabe gemacht, unabhängig über das politische und kulturelle Leben Leipzigs zu berichten. Er erscheint monatlich als Printmagazin samt umfangreichem Veranstaltungskalender. Mit besonders persönlicher Note schreibt die Autorin hinter dem Blog ***annabelle sagt*** über Leipziger Gesichter und Neueröffnungen. Der Instagram-Account ***@pommesleipzig*** probiert und rezensiert sich gewissenhaft durch die Frittenbuden der Stadt, um bei der Tour des Frites einen Sieger zu küren. Das Magazin ***We ride Leipzig*** schafft seit 2017 eine Plattform rund um die Fahrradkultur. Während einer Radtour empfiehlt es sich (natürlich nur mit einem Ohr), einer der freien Radiostationen Leipzigs zu lauschen – zum Beispiel ***Sphere Radio*** oder ***Radio Blau***. Und zu guter Letzt: Der Blog für elektronische Musik aus Leipzig nennt sich ***frohfroh*** und begleitet die überaus lebendige Szene der Stadt samt Clubkarte.

FAKTEN

Schrebergärten: In Leipzig haben drei Mal so viele Menschen einen Kleingarten wie in Berlin oder Hamburg. Die ostdeutsche Stadt steht nicht nur auf Platz 1 der Städteliste Kleingärten pro 100 Einwohner, sie ist auch die Heimat des Namensgebers Moritz Schreber. Der Entstehungsgeschichte des Schrebergartens widmet sich hier gleich eine ganze Dauerausstellung im deutschen Kleingärtnermuseum.

SONNTAGS-SPAZIERGANG

Ein grünes Band zurrt sich in der Mitte der Stadt entlang des Elsterflutbetts fest. Auf seiner Länge laden so einige gemütliche Parkecken zum Abhängen in der Hängematte ein (der Palmengarten zum Beispiel oder der Clara-Zetkin-Park). Um von einer Parkanlage in die andere zu kommen, sollte man den Fluss am besten über die Sachsenbrücke überqueren. Im letzten Licht des Tages sitzen Leipziger*innen und Stadtbesucher*innen hier gerne auf dem Bordstein, beobachten Straßenkünstler*innen beim Jonglieren oder Musizieren und genießen die Abendsonne. Für eine Auszeit in der Natur ist neben den vielen Parks, Seen und Kanälen auch der Leipziger Auwald im Norden der Stadt beliebt.

EisOase

TSCHÜSS LEIPZIG,
BLEIB IN *BEWEGUNG!*

KONTAKT
AC
AB

AUSBLICK

ANKER WECHSEL
MOIN

HALLO AMSTERDAM
HALLO HAMBURG
HALLO KOPENHAGEN

Neben den Hallo-Büchern gehören zum Ankerwechsel Verlag auch diverse Postkarten und limitierte Fotodrucke – alle klimaneutral auf möglichst nachhaltigen Naturpapieren gedruckt. Und die Entdeckungsreise ist noch lange nicht zu Ende!

Mehr zu den Büchern *Hallo Amsterdam*, *Hallo Kopenhagen*, *Hallo Hamburg* und weiteren Verlagsprojekten gibt es unter ankerwechsel.de und @ankerwechsel.

Unsere Autorin und Fotografin Harriet Dohmeyer findet man außerdem im Netz auf fraeuleinanker.de und harriet.de (und bei Instagram als @fraeulein_anker).

IMPRESSUM

DANKSAGUNG

Danke allen mutigen Gründer*innen und Leser*innen, die zu diesem Buch inspiriert und ermutigt haben. Und natürlich allen Kreativen, die daran mitgearbeitet haben sowie jenen, die den Ankerwechsel Verlag mit Vorbestellungen und Käufen unterstützen.

Dank für Unterstützung und Halt geht außerdem an:
Alexandra Rothe, Franziska Mathée (und ihrer Gastfreundschaft),
Hanna Dohmeyer, Hendrik Dohmeyer,
Henriette Hoffmann, Jonas Langmaack,
Lara M. Gahlow, Lina Mackeprang,
Linda Käckermann, Sina Fischer,
Paul Wiesemann, Tobias Volmar.

Es wurde größte Sorgfalt darauf verwendet, dass alle Angaben in diesem Werk korrekt sind und derzeitigem Stand entsprechen. Trotz aller Recherche und Mühe kann es zu Änderungen oder Abweichungen kommen. Für die Richtigkeit der Angaben kann deshalb keine Haftung übernommen werden.

Die vorgestellten Orte haben auf keine Weise für den Eintrag in dieses Buch gezahlt. Die Hallo-Reihe ist ein selbstfinanziertes, rein redaktionelles Projekt mit journalistischem und künstlerischem Anspruch.

100 RESET ST. PAULI
100 % klimaneutral
ClimatePartner zertifiziert
No. 53257-1909-1001

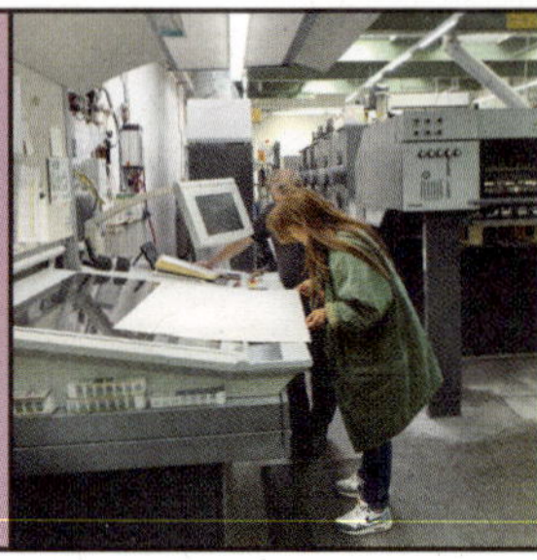

#VERLAGE GEGEN RECHTS

Autorin und Fotografie
Harriet Dohmeyer
Redaktionelle Unterstützung
Jana Trietsch
Grafik und Design
Violetta Sanitz
Kartenillustration
Saskia Rasink
Illustrationen Riso-Booklet
Tali Bayer
Fotografie Porträts (S. 6)
Malte Dibbern
Lektorat und Korrektorat
Marie Krutmann

KONTAKT
Ankerwechsel Verlag, Harriet Dohmeyer
Neuer Kamp 30, 20357 Hamburg
ankerwechsel.de
hallo@ankerwechsel.de

Druck und Bindung
Reset St. Pauli Druckerei GmbH
Virchowstraße 8, 22767 Hamburg

Risodruck
Raum für Illustration, Philipp Schultz
Paul-Roosen-Straße 4, 22767 Hamburg

RAUM FÜR ILLUSTRATION
GALLERY STUDIO SHOP RISOGRAPHY

Printed in Germany
ISBN 978-3-947596-08-9

1. Auflage 2021

MTL
Lässig
cool
Friends
RAP
M55